企業危機とコントローリング

Business Crisis and Controlling

Miyama Akira
深山 明

関西学院大学出版会

企業危機とコントローリング

はしがき

　ドイツにおいては、1980年代頃からの経済危機に規定されて、多くの企業が危機的な状態に陥った。かかる現象が企業危機（Unternehmenskrise）として把握される。企業はそのような状況に何らかの形で対処することを余儀なくされ、そのために有効なマネジメントが探求されることとなった。それが危機マネジメント（Krisenmanagement）であり、それによって企業危機の回避と克服が目指されたのである。このような事情を背景として、企業危機や危機マネジメントに関する研究が明らかにされてきた。しかしながら、それらの多くは皮相的な現象の説明とそれに対する企業方策を論じることに終始し、確固とした理論的思考に基づく研究は少数であった。21世紀に入って約15年が経過した今日において、レベルの高い研究も現れてはいるが、依然として、調査によって得られた情報から帰納的に危機マネジメント論を形成せんとすることだけを意図するものが少なくない。企業危機の原因や発生のメカニズムが十分に解明されているとは言いがたいというのが実情である。企業危機を固定費問題によって惹き起こされる現象として把握し、それに対処するためのマネジメントを説明せんとする「固定費志向的な危機マネジメント論」の形成を目指す所以である。

　第2次世界大戦において、アメリカの圧倒的な国力を目の当たりにした各国は、その力の源泉の1つをアメリカ企業のマネジメントに見出し、産官学が一体となってアメリカ流のマネジメントの思考や技法の導入に努力した。そのようないわば世界的な潮流の中で、コントローリング（Controlling）がドイツの企業実践や経営経済学に導入されんとしたのである。それから50年以上が経過した。さまざまな書物が出版されるようになっている。しかしながら、それらの多くは教育のための用具として公にされたものであり、コントローリングの諸問題に真正面から取り組んだものは多くはない。そもそもコントローリングとは何かということすら十全に明らかにされていないと言わざるを得ないのである。しばしば指摘されるように、コントローリング

の本格的な研究は緒に就いたばかりであると言えよう。

　本書においては、企業危機をめぐる問題とコントローリングをめぐる問題が取り上げられている。それは、固定費理論に基づいた企業危機および危機マネジメントに関するこれまでの考察の到達点とそれを基礎とするコントローリング研究の出発点を示すという意図の現れである。それゆえ、書名を『企業危機とコントローリング』とした。

　本書の出版に際しては、関西学院大学名誉教授吉田和夫先生に心から感謝しなければならない。私は、1970年に先生の研究演習の一員に加えていただいたが、それ以来40年以上に亘って、経営学についてはもとより、研究者の在り方や人としての生き方など多面的に暖かいご指導をいただいている。90歳を過ぎてもなおご自分の「課題」を追求しておられる吉田和夫先生のますますのご健勝をお祈りする次第である。

　また、シュナイダー教授（Prof. Dr. Dr. h. c. multi Dieter Schneider）の示されたご厚情にも心から感謝している。先生は、1990年以来ボーフムにあるルール大学（Ruhr-Universität Bochum）の講座に私を客員として何度も受け入れてくださり、親しくご指導くださった。しかし、2014年4月、奇しくも私のドイツ滞在中に逝去された。いまではあの辛辣なコメントが懐かしく感じられる。シュナイダー先生のご冥福をお祈りしたい。

　さらに、大阪市立大学名誉教授平林喜博先生からは大学院時代よりつねに有益な助言をいただいており、多くのことを学ばせていただいている。この機会に感謝の意を表したい。

　大学院の研究員である森谷周一君と岡村俊一郎君には校正の際にご協力いただいた。そのことに感謝するとともに、両君の大成を祈念する。

　なお、末筆ながら、本書の出版を快諾してくださり、色々とご配慮いただいた関西学院大学出版会統括マネージャーの田中直哉氏とこのたびの出版に関してさまざまなことでお世話になった辻戸みゆきさんに衷心よりお礼を申し上げる。

2016年10月3日

深　山　　明

目　次

はしがき …………………………………………………………… iii

第Ⅰ部　企業危機をめぐる問題

　第1章　企業危機と危機マネジメント ………………………… 3
　第2章　企業危機と管理の失敗 ………………………………… 27
　第3章　戦略的危機マネジメントの事例 ……………………… 53

第Ⅱ部　コントローリングをめぐる問題

　第4章　企業危機におけるコントローリング ………………… 77
　第5章　コントローリングにおける技術論的構想 …………… 111
　第6章　価値創造志向的コントローリングの基礎 …………… 129

第Ⅲ部　補論

　第7章　生産・原価理論の歴史 ………………………………… 149
　第8章　グーテンベルク生産論の意義 ………………………… 169

欧文文献目録 ……………………………………………………… 195
初出一覧 …………………………………………………………… 205

第 I 部

企業危機をめぐる問題

第1章　企業危機と危機マネジメント

Ⅰ．序

　企業危機（Unternehmenskrise）は無効費用（Leerkosten）による収益性と流動性の大幅な圧迫を契機として生起する現象である[1]。したがって、それは企業の本来的目標である収益性目標と制約的目標たる流動性目標の達成が脅かされるような現象として発現する[2]。すなわち、企業利益の減少と手元流動資金の逼迫が企業危機を惹起する直接的な原因であると考えられる[3]。企業危機の発生に関しては、従来から多くの研究者によってさまざまな原因のあることが指摘されているが、それらのほとんどは間接的な原因の説明である。通常は、直接的な原因と間接的な原因が峻別されることはなく、前者の重要性の指摘は完全に欠落していると言っても過言ではない。しかしながら、間接的な原因が生起し、それが直接的な原因に転化することによって企業危機は発生するのである。かかるメカニズムを解明することが、理論的にも実践的にも重要なのである。このことの理解なくしては、企業危機の生起を十全に把握し、これを説明することはできないし、有効な危機マネジメント（Krisenmanagement）やその一環として行われるリストラクチャリング（Restrukturierung）や企業再生（Sanierung）を実行することはできない。この問題を解く鍵はマネジメントにあるといえる。企業危機におけるマネジメントが果たす役割の重要性はすでに1930年代から指摘されており、最近の調査研究においても明示されている[4]。しかし、それらにおいても管理の失敗が企業危機を招来することが指摘されているだけで、肝腎のメカニズムの

内容はブラックボックスのままである。

　危機マネジメントは、企業危機という事態に対処するためのマネジメントであって、その具体的な内容は、「企業危機の回避」と「企業危機の克服」である。すなわち、危機マネジメントは企業の支配的な目標の達成を困難にし、企業の存続を危うくするような事態を回避・克服するためのマネジメントなのである。

Ⅱ. 企業危機の特質とプロセス

　企業危機とは支配的な企業目標の達成が困難となるような事態であるが、それの発生は予想されなかったことで、企業の存立を危うくする。企業としては、かかる事態に何らかの形で対処することを余儀なくされる。ところが、企業がこのような企業危機に対処するための方策を講ずるのに利用し得る時間は十分に与えられていないのが通常である。また、企業危機が深化するにつれて、方策遂行の可能性は限定されるようになる。しかも、そのために動員される経営資源も減少するのである。このような条件の下で、企業管理者は、企業が危機に陥ることを回避するマネジメントや危機に陥った企業を救済するためのマネジメントを行わなければならないのである。それが危機マネジメントに他ならない。

　企業危機の特質については、多くの論者がさまざまな説明を試みている。クリューシュテーク（Krystek, U.）とモルデンハウアー（Moldenhauer, R.）はそれらを次のようにまとめて提示している[5]。

①企業の存在が脅威にさらされる。
②帰結が両面価値的（ambivalent）である。
③支配的な目標が達成されない。
④プロセスとして生起する。
⑤マネジメントによるコントロールが可能である。
⑥予期せぬ出来事である。

⑦克服のために利用され得る時間が逼迫している。
⑧因果関係が曖昧である。
⑨危機が深化するにつれて、行動可能性の減少と行動必要性の増大という矛盾が顕著となる。
⑩変化へのエネルギーを孕んでいる。

　これらの中で当面の課題に関連するのは、②および④である。すなわち、企業危機の両面価値性と企業危機がプロセスとして捉えられるということが重要である。
　周知のように、危機（Krise）は危険（Gefahr）と機会（Chance）の可能性を内包する両面価値的な現象である[6]。それゆえ、企業と危機の合成概念である企業危機も両面価値的な現象として把握することができる。すなわち、企業危機という事態に対処するために危機マネジメントが実行されるのであるが、それの帰結は、企業危機の有効な回避・克服（＝危機マネジメントが成功）か企業の破滅（＝危機マネジメントが失敗）のいずれかである。前者の場合に企業が再び健康を回復する可能性が存するのである。それどころか、企業危機に陥る以前よりも健康になることさえ考えられる。このことを考察の基礎に据えて、ベッケンフェルデ（Böckenförde, B.）は企業危機を転

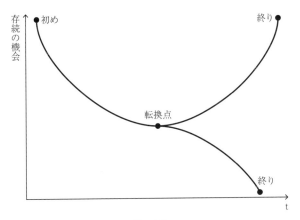

第1図

出所　Böckenförde, B.: Unternehmenssanierung, 2. Aufl., Stuttgart 1996, S. 16.

換点(Wendepunkt)を内包する現象として把握し、それを第1図のように示している[7]。

危険と機会の分かれ目となる転換点は、実際は、企業危機の各プロセスにおいて無数に考えられるが、以下の考察においては、それぞれの局面ごとに1つの転換点を想定して、その局面での転換点の意義を代表させている。

企業危機は予期されない現象ではあるが、多くの場合、それは突然的に発生するのではない。企業危機は1つのプロセスとしての展開を見せる。これに関しては、さまざまな見解が知られている。多くの場合、企業危機は4つの局面を伴うプロセスとして説明されている。筆者もこれまで支配的な説明と同様に、企業危機を4つの局面で把握してきた[8]。しかしながら、本章においては、危機マネジメントの一環として実施される企業再生なる方策を中心として管理の問題を考察することを意図しているので、従来の説明を若干変更し、企業危機を5つの局面を伴う現象として描くことにしたい[9]。そうすることによって実践上の諸問題を正確かつ十全に把握することができるからである。企業危機の5つの局面とは次のとおりである。

(1) 潜在的な企業危機　　　　　　　　　－　戦略危機
(2) 潜伏的な企業危機　　　　　　　　　－　成果危機
(3) 顕在的／自律的に支配可能な企業危機　－　成果危機、流動性危機
(4) 顕在的／他律的に支配可能な企業危機　－　企業存続危機
(5) 顕在的／支配不可能な企業危機　　　　－　清算

(1) まず、<u>潜在的な企業危機(第1局面)</u>は、生起し得るが未だ現実のものとはなっていない企業危機を表している。この場合、通常の方法で知覚することができる危機の症状はない。企業の状態は正常なのである。したがって、企業の数値機構(Zahlenwerk)に反映するようなシグナルを認識することはきわめて困難である。この局面の危機は、内容的には戦略危機(Strategiekrise)であって、マーケット・シェアあるいはノウハウに関する優位性のような成果獲得ポテンシャル(Erfolgspotential)の構築と利用が、何らかの要因によって阻害されることが問題となる。

この段階で危機を認識することができ、戦略的に有効な危機マネジメントを実行することができれば、企業は危機に陥ることそれ自体を回避することができる。もし、戦略的な危機マネジメントが失敗に終われば、企業は危機（第2局面、第3局面）に陥ることになる。したがって、ここに企業危機の発生と回避の分かれ目である第1の転換点が存在するのである。

(2) 次に、潜伏的な企業危機（第2局面）は、すでに生起しているが未だベールで覆い隠されているが如き企業危機あるいは高い確率でまもなく症状が現れることが予想できる企業危機のことである。それは、病気に例えると、すでに感染しているが未だ発症していない潜伏期間の状態のようなものである。この局面は、売上高減少、マイナスの営業利益、自己資本消耗の始まりなどによって際立たされ、利益目標あるいは売上高目標達成のような成果目標の達成が困難となる。したがって、この局面の危機は成果危機（Erfolgskrise）として特色づけられる。

このような企業危機を早期に認識することの必要性は、第1局面に比べると相対的に小さくなるが、その重要性はなお大きい。しかして、企業危機を可及的早く知覚・認識し、適切な方策を実行することによって、企業危機の顕在化を阻止できる可能性がある。すなわち、このことは、再び病気に例えると、感染はしたが適切な処置によって病気の発症を抑えることができる場合を意味している。この段階での危機マネジメントが失敗に終われば、企業危機の顕在化は不可避であり、第3局面に至る。それどころか、一足飛びに第4局面に突入することもある。かくして、この局面において第2の転換点が存在する。それは、潜伏的な企業危機が顕在化するか否かということの分かれ目を意味する。

(3) さらに、顕在的／自律的に支配可能な企業危機（第3局面）においては、企業危機はすでに顕在化しており、破壊的な影響が直接的に知覚され得る。したがって、企業危機の早期的な知覚・認識はもはや意味をもたないのである。この局面では、成果目標に加えて流動性目標の達成が困難になる。すなわち、企業は債務超過と支払不能の危険に直面することになる。そし

て、企業存立の制約条件である流動性の維持が危うくなるのであるから、企業全体の存在が危険に曝されることになる。それゆえ、この局面での企業危機は成果危機および流動性危機（Liquiditätskrise）として特色づけられることになる。

　この局面での企業危機はすでに顕在化しているのであるが、なお支配することが可能である。すなわち、危機マネジメントに成功すれば、企業再生が実現され、企業は健康を回復することができるのである。しかし、それに失敗すると企業は倒産という新しい段階を迎えることになる。すなわち、企業は瀕死の状態に陥ることになり、死に直面することとなるのである。それゆえ、第3の転換点が認められる。それは、まさしく生死の分かれ目を意味するのである。

（4）第3局面における危機マネジメントが功を奏さずに失敗した結果、顕在的／他律的に支配可能な企業危機（第4局面）が招来される。このことは、企業がそれまでとは異なるまったく新たな段階に入ったということを意味する。すなわち、第3局面における企業再生が実現されず、企業は「倒産」という状態に陥ることを余儀なくされるのである。ここに至ると、もはや自力による企業再生の可能性はない。それゆえ、企業は倒産法制によって定められた手続すなわち倒産手続（Insolvenzverfahren）に従って生存の可能性を探ることになる。したがって、顕在的／支配可能な企業危機および企業再生という概念は、第3局面と第4局面では意味が大きく異なるのである。すなわち、この局面における企業危機の支配可能性および企業再生は他者の力によるそれらを意味する。

　第4局面は倒産申立（Insolvenzantrag）によって始まる。まず、開始原因（支払い不能、債務超過）の存在が疎明され、審理の結果、開始決定（Eröffnungsbeschulss）が下される。そして、いかなる代替案が債権者にとって有利であるかということに関する判断に基づいて、債務者もしくは倒産管財人によって倒産計画（Insolvenzplan）が策定され、倒産裁判所に提出される。債権者および債務者がこの倒産計画に同意し、倒産裁判所がこれを認可することによって倒産計画の効力が生じることになる。

倒産計画は、再生計画（Sanierungsplan）、譲渡計画（Übertragungsplan）、清算計画（Liquidationsplan）およびその他の計画（sonstige Pläne）として作成される。すなわち、倒産手続は、①他者の支援を受けた企業再生（再生計画による）、②企業の一部または全部の譲渡による企業再生（譲渡計画による）、③企業の清算（清算計画による）の可能性を内包しているのである。そして、債権者自治に基づいて最適な処理が選択される。したがって、倒産計画の策定が最終の転換点たる第4の転換点となる。それは企業の存続の可能性を最終的に決定するものとなる。

(5) 他者の力による企業再生も不可能であるということになると、清算という最終の段階に移行することとなる。それが顕在的／支配不可能な企業危機（第5局面）として特徴づけられ得るのである。この局面においては、清算計画に従って粛々と企業を清算することがマネジメントの課題である。企業

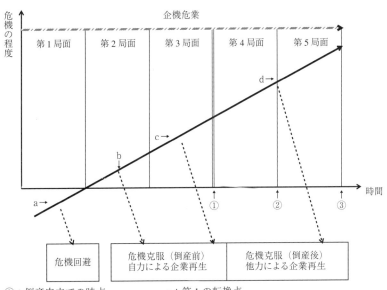

第2図

はもはや生き長らえることができないのであるから、残された問題は如何に生涯を終えるかということになる。

　以上において、プロセスとしての企業危機について説明してきた[10]。これを図で表すと、第2図のようになる。

Ⅲ. 企業危機とマネジメント

　危機マネジメントとは企業危機という事態に対処するためのマネジメントのことであるが、その具体的な内容は「企業危機の回避」および「企業危機の克服」である。近年においては、戦略的な思考と行動が重要になってきているので、前者の意義が大きくなってきている。そのためには、企業危機が早期に知覚・認識されねばならず、それも危機マネジメントの範疇に入ると言える。すでに述べたように、企業危機は企業の支配的な目標（収益性目標および流動性目標）の達成を困難にし、企業の存在を危うくするのである。したがって、危機マネジメントはこのような事態を認識・回避・克服するためのマネジメントであると言うことができる。

　企業危機は1つのプロセスとして生成・展開する。したがって、そのような企業危機を回避・克服するためのマネジメントたる危機マネジメントも企業危機プロセスとの関連で捉えられる必要がある。それに関して、クリューシュテークは、能動的な危機マネジメント（aktives Krisenmangement）と反応的な危機マネジメント（reaktives Krisenmangement）を区別し、前者を先取り的危機マネジメント（antizipatives Krisenmangement）と予防的危機マネジメント（präventives Krisenmangement）に、後者を反発的危機マネジメント（repulsives Krisenmangement）と清算的危機マネジメント（liquidatives Krisenmangement）にそれぞれ分類し、それらを企業危機の4つの局面に関連づけている[11]。それらの関係は第3図のように示される。

　この説明は、4つの局面によって構成される企業危機に危機マネジメントの4つの類型を対照させたものであって、大方に受け入れられている。しかしながら、事実を説明するということからすると、この説明が不十分かつ不

第1章 企業危機と危機マネジメント

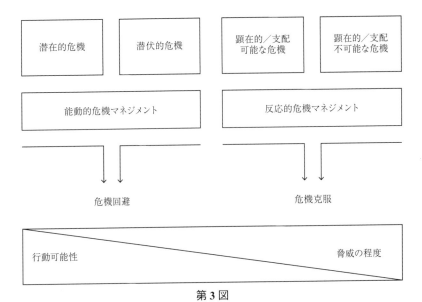

第3図

出所 Krystek, U. und Moldenhauer, R.: a. a. O., S. 138.（少し修正している）

正確であることは否めないところである。また、すでに述べたように、本章においては、危機マネジメントの一環として行われる企業再生マネジメントに焦点を当て、管理をめぐる問題について考察することを意図している。それゆえ、従来の見解を若干変更し、企業危機と危機マネジメントの対応関係を次のように考えることにしたい。

(1) 潜在的な企業危機 ←―――――― 先取り的危機マネジメント
(2) 潜伏的な企業危機 ←―――――― 予防的危機マネジメント
(3) 顕在的／自律的に支配可能な企業危機 ← 反発的危機マネジメント
(4) 顕在的／他律的に支配可能な企業危機 ← 倒産における危機マネジメント
(5) 顕在的／支配不可能な企業危機 ← 対応する危機マネジメントの類型はない。

(1) 先取的な危機マネジメントは、潜在的な企業危機（戦略危機）に対処するためのマネジメントであり、内容的には戦略的危機マネジメントである。それは、企業危機の防止と業績の改善を目的とするが、企業の成果獲得ポテンシャルを浸食過程から守り、企業の維持・発展に必要な成果獲得ポテンシャルの構築・維持を阻害する要因を除去することが目指される。具体的には、①企業の存続を保証しない、または、危うくする製品／市場セグメントからの撤退（撤退戦略）、②市場浸透の改善および原価低減によって再び魅力的となる活動領域での残存（事業続行戦略）、③適切な多角化政策、共同政策、買収政策による将来性のある製品／市場セグメントへの参入（攻撃戦略または構造転換戦略）のようなさまざまな行動可能性が考えられる。成果獲得ポテンシャルという概念は、もともとゲルヴァイラー（Gälweiler, A.）によって経営経済学に導入されたが[12]、それは長期的な企業存立のための基礎である[13]。しかして、戦略的に誤った意思決定が下されると、競争力が低下し、そのことによる市場地位やイノベーション可能性の喪失が表面化することとなる。企業管理者はそのような事態を売上減少やマーケットシェアの低下などのいわゆる早期警戒シグナル（Frühwarnsignal）によって知るのである[14]。この早期警戒シグナルへの対応を誤ると、企業は第2局面を迎えることになる。企業危機がいよいよ生起するのである。

(2) 予防的危機マネジメントは潜伏的な企業危機（成果危機）に対するマネジメントであって、それは企業危機の顕在化を阻止するための危機マネジメントである。その内容は成果目標達成を保証するような危機マネジメントである。それは収益性目標および売上高目標が達成できないという事態の回避を第1の目標とするが、それが可能でない場合は、企業の存続を長期にわたって保証するような収益状況の改善を行うことが課題とされなければならない。また、その間に発生した売上高の喪失や損失は何らかの形で補塡されることを要するのである。成果危機を克服するためには、生産、販売、研究開発、さらには、コントローリング（Controlling）などすべての領域における原価削減方策と需要刺激方策が必要である。この局面においては、関係のあるステークホルダー（主として、資金提供者、経営者、従業員）の間の個別的な相反する特殊利害の調整のためのマネジメントも必要である[15]。

（3）反発的危機マネジメントの対象は、顕在的／自律的に支配可能な企業危機（成果危機および流動性危機）であって、成果目標達成を保証する危機マネジメントに加えて、企業存続の必要条件たる流動性目標の達成を保証するような危機マネジメントが行われなければならない。この段階での危機マネジメントは、債務超過と支払い不能を阻止することを目的とするのである。すなわち、この段階での危機マネジメントは支払能力の維持による企業の存立確保（Existanzsicherung）がマネジメントの中心になる。したがって、それは倒産を回避するために行われる短期的な観点からの危機マネジメントであると言うことができる。この局面での危機マネジメントに失敗すると、倒産という事態を迎えることになる。

（4）倒産における危機マネジメントは、顕在的／他律的に支配可能な企業危機という状況下での危機マネジメントである。企業は倒産という事態に陥り、もはや自力による企業再生は不可能である。可能性として企業に残されているのは、裁判手続の枠内での存続の道を探るということだけである。しかして、倒産計画が再生計画または譲渡計画として策定され、それに対する同意が得られ、倒産裁判所がこれを認可するならば、企業の存続が可能となり、倒産手続の範囲内における企業再生が目指されることとなる。それは第3局面での企業再生とは意味が異なっている。したがって、倒産の危機マネジメントは、倒産はしたが、なお存続・再生が可能な企業のマネジメントなのである。

（5）倒産の危機マネジメントが不首尾に終われば、あらゆる意味において、企業の存続は不可能となり、残されているのは清算という最終の局面を迎えることのみである。すなわち、企業は顕在的／支配不可能な企業危機に陥るのである。清算が確定すると、後は清算の手続が粛々と行われるのみで、企業はその死を待つばかりとなる。この段階のマネジメントについて、ビルカー（Birker, K.）は、「企業にとっては存続の機会がもはやないというほどに状況が差し迫っているときの危機マネジメントは、清算の危機マネジメントといわれる[16]」と述べて、この第5段階におけるマネジメントを危機マネジメントの一類型とみなしている。これが一般的な理解である。しかしながら、この局面に至っては、いかなる意味においても企業危機の克服は果たさ

れ得ず、それゆえ、そのことは、企業危機の回避・克服のためのマネジメントという危機マネジメントの定義と整合的ではない。第5局面の企業危機に対応する危機マネジメントは存在しないのである。

　経済のグローバル化がこれまで経験したことのないほどの速度で進展し、多くの企業が厳しい競争条件に直面するようになった。このことと軌を一にして、企業が突発的に危機に見舞われるという事態が頻発している。かつて、ミュラー（Müller, R.）は、企業危機がどの局面から始まるかということに関する調査を行い、第1局面から始まる企業危機が約60％、第2局面から始まる企業危機が約30％、第3局面から始まる企業危機が約10％という結果を得た[17]。このことはほとんどの企業危機が第1局面および第2局面を経て顕在化するということを意味している。

　すでに述べた理由から、突発的に危機に陥る企業が増加していると言えるが、論理的には、そのような企業危機にも第1局面および第2局面はあるはずである。したがって、このような企業危機については、両局面の時間的な長さがきわめて短くなったものと考えるべきである。すなわち、あらゆる現象には必ず原因があり、結果のみが発現するという現象はないからである。しかして、第1局面と第2局面の時間的な長さが縮小すると、それだけ当該局面における企業危機の知覚と企業危機に対処するマネジメントとしての危機マネジメントが重要かつ困難になるのである。

　以上のことから明らかなように、すべての企業危機は第1局面から発生するものと考えられる。このことに関して、モルデンハウアー（Moldenhauer, R.）は、やや曖昧な表現ながら、「たいていの危機には戦略的な原因がある[18]」と述べている。したがって、企業にとっては、第1局面での方策によって企業危機を回避すること、そして、たとえ回避できなくても第2局面で克服することが重要である。すなわち、未だ発生していない企業危機の発生を未然に防止すること、すでに発生しているが潜伏している企業危機の顕在化を阻止することが望ましいのである。もしも第3局面を迎えてしまい、この局面での危機マネジメントに失敗すると、企業は倒産という事態に陥ることを余儀なくされるからである。企業危機に対しては、可及的早期に策を講ずるに越したことはないのである。

前述した能動的危機マネジメントには戦略的なものと非戦略的なもの（＝戦術的なもの）が含まれる。前者が先取的危機マネジメントであり、それは企業危機の回避を目的とするものである。後者は、予防的危機マネジメントであり、それはすでに発生しているが顕在化していない企業危機の克服を目指す。両者は企業危機の回避および顕在化の回避を実現するための危機マネジメントという意味において能動的と見なされるのである。しかしながら、予防的危機マネジメントによっては企業危機の回避はもはや可能ではなく、その意味において戦略的な意味は失われている。それはまだ顕在化してはいないがすでに発生している企業危機を克服するマネジメントである。したがって、予防的危機マネジメントは企業危機克服のための戦術的な危機マネジメントと考えるべきである。

さらに、第3局面以降になると、反応的危機マネジメントが行われるのであるが、それは顕在化した企業危機に対症療法を行うのみであるから、戦略的な性格を有さず、戦術的な危機マネジメントであると言える。

ここまで述べてきたことをひとまず纏めると、第4図のようになる。

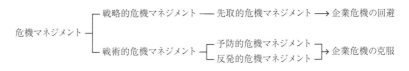

第4図

今日、戦略的思考と戦略的行動の必要性が喧伝されている。また、戦略的企業管理（strategische Unternehmensführung）の重要性が強調されることが多い。そのことは危機マネジメントの領域においても例外ではない。

IV. 危機マネジメントと企業再生

1. 企業再生と類似概念

すでに明らかであるように、企業危機は1つのプロセスとして説明され、

それに関しては5つの局面が区別され得る。成功した危機マネジメントに関する調査研究を行い、その結果を2冊の書物で公表したことで知られるベルガウアー（Bergauer, A.）は、企業危機プロセスのうちで顕在的／自律的に支配可能な企業危機（第3局面）およびそれに対する危機マネジメントとしての企業再生にとくに注目している[19]。

　筆者も同様に考えている。その理由は次のとおりである。まず、第1局面においては企業危機は未だ発生していないのであるから、そもそも企業危機の克服という概念が成り立たない。したがって、企業危機の発生を回避するための戦略的危機マネジメントが行われ、近年その重要性が強調されることが多い。しかし、この場合、通常のマネジメントと危機マネジメントの区別が曖昧になり、後者の特質を際立たせることが困難である。また、第2局面においては、企業危機（成果危機）はすでに生起しているが、危機の症状は明確になっていない。すでに感染した病気の潜伏期間のようなものである。したがって、有効な危機マネジメントを実施することによって、発症を回避することが可能である。それは、すでに発生している企業危機が克服されたということを意味するのである。それゆえ、能動的危機マネジメントによって企業危機の回避が可能であるとする第3図による説明は妥当性を欠いている。すなわち、回避されるのは企業危機の顕在化であって、企業危機そのものではないのである。この場合も、通常のマネジメントと危機マネジメントの区別は不明確になる可能性がある。

　それに対して、顕在的／自律的に支配可能な企業危機（第3局面）においては、企業危機が顕在化し、その症状が明らかとなり、破壊的な作用が知覚され得るのである。したがって、この局面において危機マネジメントの特質が明確に現れることになる。

　以上のことから、当面の課題にとって第3局面がとりわけ重要であり、企業再生が本来的に関わるのはこの第3局面である。それは成果危機および流動性危機として特色づけられる。もっとも、この局面に至ると流動性の問題がより重要で、これに対処することが焦眉の急となる。この段階での企業再生マネジメントが目指すのは、債務超過および支払不能に陥って倒産という新しい局面を迎えることの回避である。したがって、第3局面における転換

点すなわち第3の転換点はきわめて重要である。また、第2局面にも第2の転換点があり、それは企業危機が顕在化するか否かの分かれ目を意味する。したがって、企業危機は発生しているが、危機マネジメントによってそれの発症を回避することが可能である。それはすでに生起している危機が克服されたということを意味する。

　企業再生という概念は、ラテン語の sanae に源泉があり、それは病気を治すこと（Heilen）あるいは健康にすること（Gesundmachen）という医学的な内容をもつ語であった[20]。しかして、企業再生は、経営経済学においては「企業を危機から救済すること（持続的な収益力の回復を含む）」ということを意味するのである[21]。このことから明らかなように、企業再生とはすでに発生している企業危機を克服するための方策である。

　企業再生、リストラクチャリング（Restrukturierung）およびターンアラウンド（Turnaround）の概念は、企業にとって「典型的な例外的状況[22]」であって、それらは「環境的必要条件に対する企業の不十分な適応の結果[23]」と考えられる。このように、これらの概念が共通の要因に根差すものとみなされていることもあって、理論においても実践においても境界設定が困難になっている。たとえば、クリューシュテーク等は、リストラクチャリングと企業再生が「明白な共通性」をもっているので、統一的な基本型に還元され得るものと考えて、両者を1つの統合されたプロセスで説明している[24]。また、クリューシュテークとエーヴェルツ（Evertz, D.）は「リストラクチャリングと企業再生は内容的な意義について類似しており、また、それらはオーバーラップしているので、……しばしば同じ意味で用いられる[25]」とも述べてる。また、リストラクチャリングおよびターンアラウンドの概念は内容的に一致する部分が多く、同義語として用いられることも多い[26]。しかしながら、それらの異同はともかくとして、企業再生とリストラクチャリング（およびターンアラウンド）は明確に区別される必要がある。すなわち、クリューシュテーク自身も指摘しているように、「リストラクチャリングと企業再生は根本的に異なっている[27]」のであるから、両者は峻別されなければならないのである。そのための基準は方策の目的に求めることができる。そのことは、方策を企業危機プロセスのいかなる局面に関係づけるかというこ

とでもある。方策の目指す目的は、「企業危機の回避」と「企業危機の克服」である。リストラクチャリングは、未だ発生していてない企業危機の「回避」と企業危機顕在化の「回避」のための方策である。したがって、それは企業危機の早い段階において実施される方策であり、企業危機の第1局面と第2局面に固有の方策である。それに対して、企業再生はすでに発生・顕在化した企業危機を「克服」するために行われ、したがって、それは企業危機の第3局面において実行される方策である。第3局面においては顕在化しているがなお支配可能で自力による健康回復が可能な企業危機の克服が目指されるのである。

かつて、ヘス（Hess, H.）等は企業再生方策を3つの次元で説明しようとした[28]。3つの次元とは、自律性、戦略、企業形態である。したがって次のようになる。

A. 自律性
　①自律的な企業再生、②他律的な企業再生
B. 戦略
　③戦略の変化を伴う企業再生、④戦略の変化を伴わない企業再生
C. 企業形態
　⑤それまでの企業形態が維持される企業再生、⑥それまでの企業形態が維持されない企業再生

ただし、他律的な企業再生（②）とは外部者（たいていは債権者）の協力を得て行われる企業再生である。また、これまでの企業形態を維持しない企業再生（⑥）は第4局面以降の段階における企業再生であり、これは倒産手続の枠内で考えられるべき企業再生ということになる。したがって、当面の問題設定に関して考えられ得る企業再生は、①＋③＋⑤および②＋③＋⑤（第3局面、第4局面）ということになる。それは、これまでの企業形態が変わらないという条件の下での戦略の変更を伴わない自律的あるいは他律的な企業再生である。

2. 企業再生の意義

　かつて、ベッケンフェルデは、「企業再生とは、一方では、期間関連的な支払不能と資本損失の克服のために実行され、他方では、存立を維持する収益性、イノヴェーションあるいは生産性回復をもたらすような全体的かつ戦略的なパースペクティヴに基づく管理志向的、組織的、財務経済的・給付経済的・社会経済的なすべての方策の総体である[29]」と述べて、狭義の企業再生と広義の企業再生の区分を明確にした。そのことが多くの論者によって受け入れられ、この領域での考察の範例となっている。すなわち、狭義の企業再生とは、危機に陥っている企業が健康を回復するためのすべての財務経済的な方策をその内容とする。したがって、それは、企業危機が深化した状態で、企業の存続が危ぶまれるような場合に実施されねばならない方策である[30]。具体的には、資本の補給、他人資本の自己資本への転換、信用期間の延長、負債の返済猶予などが行われるのである。狭義の企業再生方策は、企業の貸借対照表と流動性の側面の改善のみをもたらすので、持続的な企業危機の克服には不十分であることが考えられる。そのために考えられねばならないのが、広義の企業再生である。それは苦境に陥っている企業の健全化に貢献するすべての方策を意味する。すなわち、広義の企業再生は狭義の企業再生を補完する役割を果たすのである[31]。

　ベッケンフェルデは企業再生とリストラクチャリング（およびターンアラウンド）の関係をシェーマ化している。しかし、企業危機プロセスの把握が私見とは異なるので、その点を修正して示すと、第5図のようになる。ただし、第4章において明らかにされるように、われわれは第2局面での危機マネジメントを戦術的リストラクチャリングとして把握しているので、企業再生は第3局面だけに限定される危機マネジメントということになる。

　企業危機が第3局面に至ると、企業の生存可能性を確保するためにいわゆる緊急方策（Sofortmaßnahme）が実施されることになる。それは、主として狭義の企業再生に関するもので、「それの意義はとりわけ企業危機の直接的な影響を除去することを志向する[32]」のである。これに関しては、財務経済的な緊急方策に特別の意味が与えられるのである。また、組織的な方策も実施される。それらは、生産時間の縮小や在庫の圧縮を通じて資金調達需要の

20　第Ⅰ部　企業危機をめぐる問題

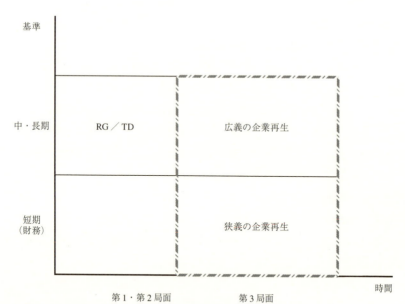

ただし、RG はリストラクチャリング、TD はターンアラウンドを表す。

第 5 図

出所　Böckenförde, B.：a. a. O., S. 8 の図を修正。

抑制に寄与するものである。このようにして、資本需要、流動性準備の拡充、収益性の改善が企図されるのである。さらに、企業危機の状況が資本と流動性の脆弱性の問題として特色づけられる限りにおいて、企業が経営に必要でない資産をどのくらい保有しているかということを吟味することも必要である[33]。それらは、可及的迅速に有利な価格で売却されねばならない。また、場合によってはセール・アンド・リースバック（sale and Leaseback）の可能性も視野に入れられねばならない。しかしながら、この方策は現在の流動性準備の拡充に貢献するが、他方では、将来の支払義務の増加を惹き起こすのである。また、コア・コンピタンスおよび関連分野への集中が考慮されねばならない際に、当該企業においては生産能力が完全利用され得ず、他者における生産が質的／原価的に有利であるような場合には、make or buy（Eigenfertigung oder Fremdbezug）あるいはアウトソーシングに関する意思決定が戦略的な観点から下されなければならない。このことによって解放され

た資源は別の領域に投下されることになる。したがって、当然のことながら、そのような意思決定は人事領域における変化を伴うのである。

V. 結

　ドイツにおいては、1980年代頃から、本章で取り上げた企業危機、危機マネジメント、企業再生などに関心が集まっており、これらに関する多くの研究が見られるようになってきた。このことは、「栄光の30年[34]」が終焉した後の「成長率の停滞と経済的暗黒の長い時代[35]」における経済成長率の低下、企業倒産件数の増加、失業率の上昇などの経済状況を背景としたものである[36]。

　企業危機を惹き起こす直接的な原因は、固定費問題に基づく企業の収益性および流動性の圧迫である。この直接的原因を生じさせる間接的原因はきわめて多様である。この間接的原因と直接的原因の間に介在するのが戦略的危機マネジメントである。また、直接的原因を克服するためのマネジメントが通常の危機マネジメントである。したがって、危機マネジメントは「企業危機の回避」と「企業危機の克服」を目指すものであるが、それは「固定費問題に基づく収益性および流動性の圧迫を回避・克服するためのマネジメント」であると言うことができる。このことに着目し、固定費理論を基礎とする固定費志向的危機マネジメント論の形成を企図する所以である。
　すでに述べたように、企業危機はすぐれて両面価値的な現象である。それは、「危険」と「機会」という2つの可能性を併せもっている。それゆえ、企業危機の各局面における「転換点」がきわめて重要な意味をもつのである。それが「危険」と「機会」の分かれ目を表しているからである。その点に「企業危機のパラドックス」が看取され得るのである。

注
1）それは固定費問題（Fixkostenproblem）が顕在化し、企業が大きな負担を課せられている状況として把握することができる。固定費問題に関しては、深山 明『企業危機とマネジメント』森山書店、2010年、10ページ以下を参照。
2）企業の本来的目標と制約的目標に関しては、深山 明「企業目標」深山 明・海道ノブチカ編著『基本経営学』同文舘出版、2010年、56ページ以下を参照。
3）寡聞の限りでは、企業危機を収益性と流動性の問題として把握する必要性に言及しているのはハウシルト（Hauschild, J.）のみである。Vgl. hierzu Hauschild, J.: Entwicklung in der Krisenforschung, in: Griess-Nega, T.（Hrsg.）: Krisenmanagement, Wiesbaden 2006, S. 21. ちなみに、企業が倒産した場合における倒産処理手続の開始原因（Eröffnungsgrund）は、支払い不能（Zahlungsunfähigkeit）、支払い不能の虞（drohende Zahlungsunfähigkeit）および債務超過（Überschuldung）である（吉野正三郎『ドイツ倒産法入門』成文堂、2007年、4ページ）。
4）これに関しては、深山 明「企業危機と管理の失敗」『商経学叢』第59巻第1号、2012年、103ページ以下および本書の第2章を参照。
5）Krystek, U. und Moldenhauer, R.: Handbuch Krisen- und Restrukturierungsmanagement, Stuttgart 2007. S. 26 ff.
6）このことについては、深山 明、前掲書、178ページを参照。
7）Böckenförde, B.: Unternehmenssanierung, 2. Aufl., Stuttgart 1996, S. 15 f. 筆者もこのような考え方を採り入れて図を描いたことがある。深山 明、前掲書、182ページを参照。
8）たとえば、深山 明、前掲書、180ページ以下。
9）深山 明、前掲書、180ページ以下。最近、筆者は、倒産した企業が倒産手続の枠内で再生する可能性を考慮して、企業危機プロセスを5つの局面で説明することを試みている。その際、第3局面を顕在的／自律的に支配可能な企業危機と顕在的／他律的に支配可能な企業危機に分割してそれぞれを第3局面と第4局面とし、第5局面を顕在的／支配不可能な企業危機とする。すなわち、第4局面が支配可能であるという意味は、倒産したがなお再生の可能性が考えられるということであり、第5局面では清算（Liquidation）以外の可能性が存在しないということを表している。このことは、近年の各国の倒産法が目指すものと符合している。これらの諸点については、深山 明「企業危機とコントローリング」『商学論究』第60巻第1・2号、2012年12月、1ページ以下を参照。

10) 第4局面に関する説明は、単一型の倒産法制という条件下にあるドイツの企業のケースを前提としている。ドイツでは、清算手続きか再生手続かを決めずに倒産申立が行われ、3つの手続のうち債権者の利益に最も適うものが選択され、計画に従って実行されるのである。したがって、「倒産法」の中にさまざまな可能性が統合されているのである。それは、日本のような複数手続き型の倒産法制の場合とは異なっている。このように、倒産手続はそれぞれの国の倒産法制により規定されるのであるが、それらを支える思想や目指すものはおおむね共通しているといえる。それらは、アメリカの「改正倒産法」（1978年）に端を発する「清算→再建」という世界的な傾向に沿っているのである。ちなみに、日本では、倒産手続としては、破産手続、特別清算、再生手続および更生手続があり、それぞれ、「破産法」、「会社法の一部」、「民事再生法」および「会社更生法」によって規律される。そして、申立の際にあらかじめ1つの手続が選択されるのである。そして、ドイツにおける企業再生計画および企業譲渡計画に相当するものとして、民事再生法による「再生計画」と会社更生法に基づく「更生計画」が作成される。このように、いかなる倒産法制のもとでのプロセスかということによって、倒産手続の具体的な内容は異なるが、いずれの場合においても第2図で示したことは基本的には妥当性をもつ。倒産法制については、吉野正三郎、前掲書、山本和彦『倒産処理法入門』第3版、有斐閣、2008年、山本和彦＋中西 正＋笠井正俊＋沖野眞已＋水元宏典『倒産法概説』第2版、弘文堂、2010年を参照。Vgl. hierzu auch Hess, H., Fechner, D. Freund, K. und Körner, F.：Sanierungshandbuch, Neuwied・Kriftel/Ts・Berlin 1998, S. 813 ff.；Ehlers, H. und Drieling, I.：Unternehmenssanierung nach der Insolvenzordnung, 2. Aufl., München 2000, S. 45 ff.；Kreft, G.：Insolvenzordnung, 6. Aufl., Heidelberg, München, Landsberg, Frechen, Hamburg 2011, S. 1648 ff.
11) Krystek, U.：Unternehmungskrisen, Wiesbaden 1987, S. 105 ff.；Krystek, U. und Moldenhauer, R.：a. a. O., S. 138. Vgl. auch Birker, K.：Vorbeugendes Krisenmanagement, in：Birker, K. und Pepels, W.（Hrsg.）：Krisenbewusstes Management, Berlin 2000, S. 349. また、深山 明、前掲書、190ページ以下を参照。
12) Gälweiler, A.：Unternehmensplanung, Neuausgabe, bearbeitet und ergänzt von Markus Schwaninger Frankfurt/New York 1986, S. 216.
13) Alter, R.：Strategisches Controlling, München 2011, S. 9. Vgl. auch Dillerup, R. und Stoi, R.：Unternehmensführung, 4. Aufl., München 2013, S. 175 ff. 成果獲得ポテンシャルの具体的内容を構成するのは、たとえば、利益をもたらす生産物、合理的な生産方法、有能な従業員、製品やサービスのブランド、顧客、立地条件などである。Vgl. hierzu etwa Crone, A.：Die Untenehmenskrise, in：

Crone, A. / Werner, H. (Hrsg.) : Modernes Sanierungamangement, 4. Aufl., München 2014, S. 6.
14) Moldenhauer, R. : Strategisches Restrukturierungskonzept, in : Crone, A. / Werner, H. (Hrsg.) .: Modernes Sanierungamangement, 4. Aufl., München 2014, S. 91. もちろん、このような数値的情報に現れない多くの要因の作用もある。
15) Moldenhauer, R. : a. a. O., S. 91.
16) Birker, K. : a. a. O., S. 349.
17) Müller, R. : Krisenmanagement, 2. Aufl., Frankfurt/Main 1986, S. 55 f. Vgl. hierzu auch Hess, H., Fechner, D., Freund, K. und Körner, F. : a. a. O., S. 22.
18) Moldenhauer, R. : a. a. O., S. 91.
19) Bergauer, A. : Erfolgreches Krisenmanagement in der Unternehmung, Berlin 2001, S. 11 ; dieselbe : Führen aus der Unternehmungskrise, Berlin 2003, S. 8. ベルガウアーは、通念に従って、企業危機を4つの局面で説明しており、顕在的／自律的に支配可能な企業危機と顕在的／他律的に支配可能な企業危機という2つの局面を区別していない。それゆえ、第4局面の説明に関して不明確な点があることは否めないが、そのことによって彼女が第3局面に注目していることの意義は影響を受けない。
20) Krystek, U. : Die Rolle des Controllings in Restrukuturierung und Sanierung, in : Evertz, D. und Krystek, U. (Hrsg.) : Restrukuturierung und Sanierung von Unternehmen, Stuttgart 2010, S. 47 ; Evertz, D. und Krystek, U. : Das Management von Restrukuturierung und Sanierung, in : Evertz, D. und Krystek, U. (Hrsg.) : Restrukuturierung und Sanierung von Unternehmen, Stuttgart 2010, S. 30 ; Krystek, U. und Moldenhauer, R. : a. a. O., S. 140 ; Hommel, U., Knecht, T. C. und Wohlenberg, H. : Sanierung der betriebliche Unternehmenskrise, in : Hommel, U., Knecht, T. C. und Wohlenberg, H. (Hrsg.) : Handbuch Unternehmensrestrukturierung, Wiesbaden 2006, S. 32 ff. ; Böckenförde, B. : a. a. O., S. 7.
21) Evertz, D. und Krystek, U. : a. a. O., S. 30. Vgl. auch Böckenförde, B. : a. a. O., S. 7.
22) Evertz, D. und Krystek, U. : a. a. O., S. 19.
23) Böckenförde, B. : a. a. O., S. 6.
24) Krystek, U. : a. a. O., S. 53.
25) Evertz, D. und Krystek, U. : a. a. O., S. 28.
26) Hommel, U., Knecht, T. C. und Wohlenberg, H. (Hrsg.) : a. a. O., S. 34 ; Seefelder, G. : Krisenbewältigung und Sanierung, Stuttgart 2007, S. 29 ; Böckenförde, B. : a. a. O., S. 9.
27) Krystek, U. : a. a. O., S. 53. それにもかかわらず、彼は両概念の類似点を発見

し、それらを統一的に捉えようとしているのである。
28) Hess, H., Fechner, D., Freund, K.. und Körner, F.：a. a. O., S. 192 ff.
29) Böckenförde, B.：a. a. O., S. 7.
30) Seefelder, G.：a. a. O., S. 29.
31) Krystek, U. und Moldenhauer, R.：a. a. O., S. 140.
32) Birker, K. Krisenbewältigung — Sanierung, Gesundung des Unternehmens, in：Birker, K. und Pepels, W.（Hrsg.）：Handbuch Krisenbewusstes Management, Berlin 2000, S. 343.
33) Birker, K.：a. a. O., S. 344.
34) 田中友義「ヨーロッパ主要国の歴史」田中友義・久保広正編著『ヨーロッパ経済論』ミネルヴァ書房、2004年、15ページ。
35) Aldcroft, Derek H.：The European Economy 1914-2000, 4th Edition, London and New York 2001, p. 211. 玉木俊明／塩谷昌史訳『20世紀のヨーロッパ経済 1914～2000年』晃洋書房、2002年、177ページ。
36) このことについては、深山 明『企業危機とマネジメント』森山書店、2010年、14ページ以下を参照。

第2章　企業危機と管理の失敗

I．序

　企業危機（Unternehmenskrise）は企業（Unternehmen）と危機（Krise）から成る合成的概念として形成された。ドイツにおいて、1980年代頃からこの企業危機や危機マネジメント（Krisenmanagement）に関する多くの研究が見られる。それは企業危機の深化を背景とする現象である。
　危機という概念は、ギリシア語のkrisis（分かれ目、意思決定）に語源をもち、それがフランス語やラテン語の影響を受けて、16世紀以降にドイツ語に採り入れられたのである[1]。この概念は、当初は医学用語として用いられ、それは、病気の極期（Höhepunkt）または患者の生死に関する変わり目（Wendepunkt）を意味した。それは、重要で困難な状況すなわち窮地、転換点、重要な意思決定状況を表すのである。したがって、危機は、機会（Chance）と危険（Gefahr）という2つの可能性を併せもつ状況を特色づけるのである。企業危機はすぐれて両面価値的な現象なのである。したがって、企業危機のパラドックス[2]ということも考えられる。
　このような企業危機の回避・克服のためのマネジメントが危機マネジメントである。それに関しては、企業管理者による管理および意思決定が重要な意味をもつ。すなわち、不適切・不十分な管理が行われると、重大な事態が生起し得るのである。それが企業危機の原因と見なされることが多い。たとえば、クリューシュテーク（Krystek, U.）とモルデンハウアー（Moldenhauer, R.）は多くの研究において管理の失敗（Führungsfehler）が企業危機の

主たる原因であるとみなされていることを指摘している[3]。

本稿においては、企業危機と企業管理をめぐる問題について考察することにしたい。

II. 企業危機の原因

固定費問題（Fixkostenproblem）という問題がある。すなわち、ある一定の状況の下で固定費（fixe Kosten）[4]が問題となるのである。ある一定の状況とは過剰能力（Überkapazität）が存在するという状況である。それは生産能力と生産能力利用の関係として端的に表すことができる。それゆえ、

生産能力＞生産能力利用

というのが固定費問題を生じさせる原因となる状況である。

固定費が経営準備原価として捉えられることから、固定費を生産能力に対応させることができる。生産能力はつねに完全利用されるとは限らず、通常は、利用される生産能力と利用されない生産能力が区分され得る。前者に対応する固定費部分が有効費用（Nutzkosten）であり後者に対応する固定費部分が無効費用（Leerkosten）であることは周知のとおりである[5]。

過剰能力の存在という状況の中で、固定費のすべてが問題となるわけではない。生産能力と生産能力利用の乖離が著しい場合に、固定費のうちの無効費用の部分が増加し、これが企業に大きな負担を課するのである。したがって、問題となるのは固定費の一構成部分である無効費用なのである。しかして、無効費用に由来する負担とは利益の減少と手元流動資金の逼迫である。すなわち、それは収益性と流動性の圧迫である。このことが1つの問題として意識され、固定費問題として把握されるのである。

以上のことから明らかなように、固定費問題が生起することによって、企業の支配的な目標である利益目標（本来的目標）と流動性目標（制約的目標）の達成が阻害される[6]。このことが企業危機の直接的原因である[7]。こ

の直接的原因を惹き起こすのが間接的原因である。これまでの研究においては、企業危機の原因に関するこのような区分が認識されていないのである。多くの論者によって企業危機あるいは企業倒産の原因として指摘されているものは、すべて間接的原因である。

　企業危機およびそれを惹起する原因に関しては、第1図のように表すことができる。

第1図

　間接的原因はいかにして直接的原因に転化するか。そのメカニズムが解明されなければならない。

Ⅲ．企業危機の原因に関する研究

　間接的原因と直接的原因の間には企業管理者による処理が介在する。企業危機の生起に関して企業管理者による処理の問題を等閑に付すことはできない。この問題はこれまでどのように考えられてきたか。ここでは、当該問題を論じている先駆的研究について考察することにする。

1．フレーゲ=アルトホフの所説

　フレーゲ=アルトホフ（Fleege-Althoff, F.）は、1934年の書物において、①理論的経営経済学、②実用的経営経済学および③歴史的経営経済学から成る経営経済学の体系を示している[8]。彼は、②の形成を目標としている。その際に、彼は、歴史的かつ個性的なものを重視し、現実の経済や企業そのものに眼を向け、そこから問題を受け取り、歴史的な資料、調査の結果、各種の統計などを利用して理論を形成することを主張している。フレーゲ=アルトホフが目指していたものは、経験的事実に基づく純粋理論に裏付けられた応用理論の展開であった。それは、まさしく存在（Sein）の研究に基づく存

在当為 (Seinsollen) の研究であって、単なる当為 (Sollen) の研究ではない。

　フレーゲ゠アルトホフは、危機に陥っている企業あるいは苦境にある企業 (notleidende Unternehmung) を病気の企業 (kranke Unternehmung) として把握し、医学の概念を用いた類推を行わんとしたのである[9]。

　フレーゲ゠アルトホフは、歴史主義の影響を強く受けており、それゆえ、さまざまな現象の歴史性および個別性を重視しながら、統計的研究や経験的研究の成果を援用して理論を形成せんとした[10]。彼は、1925年～1929年の時期に病気とみなされた企業すなわち危機に陥っていた企業180社について、インタビュー、営業報告書、破産記録などを情報源として企業危機（疾病）の原因に関する考察を行った。彼は、企業危機の原因に関してさまざまな基準を用いて類型化を行った後に、それらの中でも①特殊的原因と一般的原因、②内生的原因と外生的原因という原因グループが重要であることを指摘し、すべての個別的原因が物的なものと人的なものに帰せられ得ることを述べている[11]。その際、人的な原因は処理の欠陥 (Dispositionsmangel) という一括した表現でまとめられる。そして、「残念ながら、われわれは、企業の損失および病状がどのくらい欠陥のある管理に還元され得るかということを確かめるには至っていない[12]」と断りつつ、処理依存的な疾病原因について考察を行っている[13]。

　処理 (Disposition) とは、企業管理者が企業目標の達成のために行うすべての方策のことで、それは企業管理という機能の一環として遂行される[14]。しかして、管理は企業という経済有機体の器官として、人間の脳に相当する役割を果たしている。管理の失敗は処理の失敗を招来する。したがって、管理の欠陥がかなりの程度に及び、それが一過的な現象でないならば、「企業は生存競争において勝利することができない[15]」のである。

　2つの問題群が区別される。誤った処理の前提条件および誤った処理そのものというのがそれらである[16]。前者は、企業管理者自身の個性と企業管理者の周囲の世界における出来事に求められる。具体的には次のような事項が列挙されている。

　①企業管理者自身が管理するための能力をもっていない。

②企業管理者が能力に恵まれていても、必要な専門知識を備えていない。
③不幸な出来事、病気、戦争の帰結などの運命による打撃。
④企業管理者が無思慮で功名心をもっている。
⑤業務に関心をもたず、従業員に管理を委ねる企業管理者（企業管理者ではない企業管理者）がある。
⑥自尊心や功名心に富んでおり、社会生活において役割を果たしたいと考える企業管理者がある。
⑦過度に感傷的になり、また、宗教の影響によって自らの存立基盤よりも隣人のために尽力し、自分の企業の経営をなおざりにする経営者がある。

誤った処理そのものに関しては、罪に問われないもの（reelle Art）と罪に問われるもの（unreelle Art）が区別される。

罪に問われない誤った処理は、必要な手段の選択と利用が適切ではなく、たとえば、現存の利用可能な資金が設備や資材に過剰に投下され、合目的的に利用されない。このような事態は、不適切な方向付けや、経営的な必要性を考慮しないことなどにより生じる。さらに、長期的な購入契約などの契約による拘束、誤った信用政策、誤った信用の利用、誤った利益分配政策などが罪に問われない誤った処理の範疇に含まれるのである。これらは罪に問われるような犯罪ではないが、経営上の処理としては不適切なものである。

他方で、罪に問われる誤った処理は、違法行為（strafbare Handlung）だけではなく、故意に注意を欠いた義務違反（bewußt fahrlässige Pflichtverletzung）をも含む。前者については、次のようなことが考えられる。まず、企業管理者が自分の落ち度に起因するのではない失敗や損失を隠蔽しようとすることは稀なことではない。それによって、事実は歪曲され、不完全かつ不正確に説明されることになる。また、失敗や損失が企業管理者の落ち度によるものであれば、事はより重大である。さらに、粉飾された財務諸表に基づいて、株主への配当が行われ、経営者に対する報酬が支払われることもある。さらに、詐欺や着服も考えられる。

フレーゲ゠アルトホフは、「近年の多くの倒産は、正しい診断を下し、早期

に予想を立てることに関する企業管理者の能力不足に還元され得る[17]」、「企業における病気の原因は人間にのみ還元され得る。ということを主張することができよう。それゆえに、人的な原因なかんずく企業管理者の処理の欠陥が（発病と重篤化の－引用者）促進力として問題となるであろう[18]」と述べて、企業の病気すなわち企業危機の原因として管理の失敗をことのほか重視しているのである。さらに、たとえ企業管理者が通常の管理業務に加えて罹患の回避と疾病からの回復に取り組まなければならないということの困難性も指摘されている。そして、将来においては、とりわけ大企業では、「根の深い病弊や損失の原因などに関する経営監視および経営分析にもっぱら従事する人[19]」が必要となるであろうと述べている。それは、今日のドイツ企業におけるコントローリング（Controlling）とコントローラー制度（Controllership）を彷彿とさせるような指摘である。また、そのような専門家は「経営の医者（Betriebsarzt）」と称され、さまざまな資質をあわせもつことが要求される。その養成のために、職業的な高等教育の必要性が説かれ、フレーゲ=アルトホフはニュルンベルクの商科大学に開設された「経済観察研究所（Institut für Wirtschaftsbeobachtung）」の成果に期待していた[20]。

2. フィントアイゼンの所説

フィントアイゼン（Findeisen, F.）は、フレーゲ=アルトホフと同様に、危機に陥った企業を病気に罹患した企業とみなし、その病気の原因を説明しようとしている[21]。ちなみに、彼の書物の副題は、「健康な経営と病気の経営（der gesunde und kranke Betrieb）」である。

彼は、有機体論的思考に基づき、経営を生きている有機体（lebendige Organismus）として把握している[22]。フィントアイゼンは、「経営とは生きている1つの単位（Einheit）であって、それは統一的な意志に支配されている[23]」と述べて、病気の症状を全体経営あるいは1つの単位という視点から考察することの重要性を指摘している。全経営体（ganzer Betriebskörper）の病気を認識することが必要だからである[24]。また、彼は、「（経営が）生きるということは闘うことを意味する。闘うことは単位として管理すること、また、単位として考察することを必要とする[25]」とも述べている。経営はそれが存

在するために必要な最小限の存在の基礎を求めて闘わなければならないのである。そのことが確保されている限り経営は健康である。しかし、健康な経営も闘わなければならない。それは生活の拡充や発展のための闘いである。

そのような生きている経営は健康であることもあるし、病気であることもある。この2つの状態を区分する基準は創造力（das Schöpferische）である[26]。創造力を欠いている経営は存在のための必要条件を満たしていないのであり、病気に罹っているのである。さらに、経営が発病することによって、企業の危機が生じさせられるのであるが、これに関して、回復の見込みのある危機と命取りになる結果を伴う危機が指摘されねばならない。そして、「学問的な研究の課題は、経営危機（Betriebskrise）を回復の見込みのある危機に仕立てることでなければならない[27]」のである。すなわち、当該研究の課題が明示されたこととともに、企業の病気（企業の危機）が両面価値的に捉えられていることは注目に値する。

経営はさまざまな器官（Organ）から成っている[28]。それらの器官は利益の源泉である。もし、それらが病気であれば、利益は生まれない、あるいは、十分な利益は得られない。しかし、そのような器官は第2次的な器官であって、それらは第1次的器官によって支配される。したがって、第1次的器官は組織の上位にあり、組織を支配するのであり、「上から下への秩序が必要である[29]」と考えられている。そうでない場合は、病気に罹っているのである。

経営生活における器官の発病には、精神的な性質のものと物質的な性質のものがある[30]。物質的な種類の病気は手術（財務手術）によって解消される。また、精神的な種類の病気は経営者の更迭によって対処される。その場合に重要な役割を果たすのが、第1次的器官としての経営意志（Betriebswille）である。この経営意志が存在しない、あるいは機能しないなら、経営は没落に向かう。フィントアイゼンは、経営意志の欠如または機能不全という事態の中に最大の危険を見いだし、「経営の病気は、われわれにとっては、主として精神的なものである[31]」と考えるのである。経営経済的な器官理論は、精神を頂点に据え、その帰結としてのみ物質を認める。「組織は精神の発露[32]」なのである。したがって、最初に精神があり、全体がうまく行く。

この原則に反すると、経営は病気になるのである。

　以上から明らかなように、フィントアイゼンにとっては、企業危機の最も重要な原因は経営を支配する精神にあり、具体的には管理の失敗に求められるのである。

3. ティーレの所説

　ティーレ（Thiele, W.）は、企業（＝経営）を国民経済の一分岐たる経営共同体（Betriebsgemeinschaft）として把握している。したがって、それは国民経済の組織的な基礎としての細胞である。そして、企業危機の問題をこの細胞を破壊する経営休止（Betriebsstillegung）の問題として捉える。ティーレは彼の師であるゲルトマッハー（Gertmacher, E.）と同様に、経営において価値流入（Wertzufluß）と価値流出（Wertabfluß）が生じることを指摘し、後者が前者を凌駕する場合が非収益的とみなされている。かかる危機的な状況を克服するために経営休止が行われるのであり、それは危機マネジメントの一環としての方策であるといえる。

　ティーレは、このような事態を惹起する原因として、一般的経済的原因、経営的原因および法的措置を挙げている。それらのうち、経営的原因について考えることにしたい。

　経営的原因は、「誤った経営管理（fehlhafte Betriebsführung）[33]」すなわち「経営に流出入する諸力（Kräfte）の管理が誤っていることがある[34]」ということに還元され得るのである。したがって、これに関しては企業管理者の役割がきわめて大きいといえる。このように、企業管理者の機能が重視されるのは、当時のドイツを席巻していたナチス固有の思考に基づいてる。

　経営的原因としては、①経営設立の場合の誤り、②経営拡大の場合の誤り、③継続的な経営活動における誤りが考えられている[35]。これらに関して、ティーレによる説明を紹介しておきたい。

①経営設立の場合の誤り

　技術革新あるいは景気高揚による需要増加を動因として、創業者活動の一環として新たに経営が設立される場合がある。その場合、後の経営休止を回避するために、需要の減少に対応できるような基礎が確立されていなければ

ならない。というのは、需要が減少すると必然的に過剰能力が発生し、そのことにより惹起される無効費用（Leerkosten）が企業の収益性と流動性を圧迫するからである。すなわち、このような固定費問題を克服できるか否かということかが問題となるのであり、それは経営指導者の意思決定に還元され得る。これに関して、起こり得る誤りとして、次のような問題が指摘されている。

　a．他人資本と自己資本の比率
　b．利用可能な資本の制約
　c．設備等の生産能力の調和
　d．固定資産と流動資産の関係
　e．立地選択

これらの問題について、簡単な数値例で説明がなされている。たとえば、dに関する数値例は次の如くである。

　新たに設立された経営の開始貸借対照表（Eröffnungsbilanz）は次のとおりである。

　この経営の給付能力は1500単位である。その場合の製造原価は110000（固定費20000、比例費90000）であり、単位あたり原価は73である。それに対する市場価格は85であるから、生産能力が完全利用されるなら、利益を得ることができる。

　1500単位の生産のためには110000の流動資産が必要であるが、貸借対照表から明らかなように、流動資産は50000しかない。そのうち、20000は固定費のためのものであり、比例費のための流動資産は30000ということになる。上述のように、1500単位の生産には90000という比例費が必要であるので、生産は給付能力の1/3に制限されざるを得ないのである。それで、総原価は50000（固定費20000＋比例費30000）、単位あたり原価は100

（50000 : 500）となる。したがって、損失が発生する。流動資産が増加させられない限り、経営休止は回避され得ないのである。

②経営拡大の場合の誤り

　経営設立の場合と基本的には同様の問題がこの場合にも生起し得る。すなわち、資本調達および需要増加の評価に関する誤りが問題となるのである。前者は自己資本と他人資本の比率の問題であり、後者は需要増加の持続性の問題である。後の問題に関してティーレは次のような例で説明している。

　加工業に属するある企業の給付能力は1000単位である。当該製品の販売価格は980と1000の間であった。そして、固定費は500000、単位あたりの比例費は500である。給付能力が完全利用される場合、単位あたりの原価は1000であり、損失が発生する（販売価格が980であるなら、総損失は20000）。この損失を解消させるために、生産能力が拡大された。その結果、給付能力は2000単位となり、固定費は800000となった。新たな給付能力が完全利用されるなら、単位あたりの原価は900である（1800000 : 2000）。しかしながら、予想に反して、1600単位の生産しか達成され得ず、単位あたりの原価は1000（1600000 : 1600）となり、損失はさらに増加することとなった（販売価格が980であれば総損失は32000）。それゆえ、この経営拡大には誤りがあったということになり、やがて経営休止を余儀なくされるのである。

　このように、経営拡大に関する誤りの多くは、生産能力が完全に利用されないことによる収益性と流動性の問題に逢着する。

③継続的な経営活動における誤り

　この場合、誤りの源泉は経営管理の方式（Art）と誤った処理（Fehldisposition）にある。

　さまざまな利益を代表する複数の人が管理する経営においては、職場および欲求充足財の創造の手段としての経営の利益ではなくて、各管理者が代表している個別的な利益を志向して管理が行われる。そのことのゆえに、経営の利益にならない決定が下されるのである。「もし経営の管理者（Leiter des Betriebes）が1人の真の指導者（ein wahrer Führer）であるならば[36]」、そのような事態は回避され得るであろう。真の経営指導者はあらゆる個別的利益

から独立しており、責任を自覚しているからである。また、経営管理者の選任は、自然淘汰の過程（natürlicher Ausleseprozeß）に従って行われなければならない。最も有能な人が経営管理者になるべきだからである。さらに、経営管理が父親から子へと世襲される場合、大経営の管理が1人の管理者の手中にある場合にも危険が存在する。

以上のように、経営管理構造が適切でない場合、経営の利益に貢献しない決定が下されることがあり、それが経営休止を招来し得るのである。

ティーレは次のような例で誤った処理を説明している。

ある加工経営では、原材料費が総原価の約50％であった。そして、原材料価格が上昇傾向にあったので、企業管理者は4年分の原材料を購入することにした。その保管のためにより大きな貯蔵施設が必要となり、それの建設のために抵当権を設定して借り入れが行われねばならなかった。ところが、価格の上昇が止まり、長期にわたって同じ水準に留まった。それにもかかわらず、この企業は不動産抵当の借入金利子、減価償却、さらには、原材料に拘束されている資金の利子を負担しなければならないので、他の企業に比べて原材料費が著しく大きくなった。それは次のように計算される。

400 t に対する原材料費	40000
毎年の必要量（100 t）の原価	10000
借入金利子	10000 の 6％
第1年の利子	10000 の 4％
減価償却	10000 の 2％

したがって、1 t あたりの原価は次のようになる。

仕入価格	100
借入金利子	6
第1年の利子	12
減価償却	2
	120

もしこのような購入をしなければ、1 t あたりの原価は 100 である。

もう 1 つの例は次のとおりである。

ある企業は 305 で販売され得る製品を生産している。総原価は 300 である。

材料	100
賃金	100
原価付加	100（賃金の 100%）
総原価	300

製品の価格が下落し、290 になった。そこで、それに対応するために、賃金を 10% 節減する機械が購入された。したがって、総原価は 280 となる。

材料	100
賃金	90
原価付加	90
総原価	280

しかし、まもなく損失が発生する。賃金の 100% の原価付加という経験則が妥当しないということが忘れられていたのである。新たな機械の購入によって利子や減価償却が増加し、そのことが考慮されねばならないのである（原価付加は賃金の 110%）。したがって、正しい給付単位計算は次のようになる。

材料	100
賃金	90
原価付加	110
	300

かくして、損失が発生し、それが長期にわたるならば、経営休止が行われ

ることになるのである。

　すでに明らかなように、ティーレの研究においては、企業管理者の職能がきわめて重視されている。したがって、その意味で、経営休止（＝企業危機）は誤った経営管理の帰結であるとみなされるのである。これは、この時代の多くの論者たちの「資本の誤った管理（Kapitalfehlleitung）」という理論的な問題意識と軌を一にしている。ナチスの思考に強く規定されたものであるとはいえ、彼が企業管理者の意思決定問題を重要視していることに注目したい。

Ⅳ. 企業危機の原因に関する調査研究

　2006年9月26日、ハンブルクにおいて、「何故に企業は支払い不能になるのか－最も重要な倒産原因－」と題するプレゼンテーションが行われた。それはユーラーヘルメス信用保険会社（Euler Hermes Kreditversicherung-AG）[37]とマンハイム大学の倒産・企業再生センター（Zentrum für Insolvenz und Sanierung an der Universität Mannheim〔ZIS〕）[38]による共同研究の結果を発表するものであった[39]。この調査研究の目的は、企業倒産に関する情報を収集し、それらを社会に公表することであった[40]。

　ユーラーヘルメスとZISの委託に基づいて、ヴィースバーデンにある専門研究機関たるコホルテン研究所（Kohorten-Institut）は、2006年の夏に、125人の倒産管財人（Insolvenzverwalter）に対して電話による質問調査を実施した[41]。彼らに質問された事項は、①倒産の原因、②企業再生の妨げ、③倒産申立の時点、④典型的な倒産のケースであった。以下においてこの調査の結果を概観することにしたい[42]。

　被質問者の71%が、倒産の重要な原因はつねに企業管理の領域において見られると回答した。しかして、全体として58の個別的な倒産原因が確認されたが、それらが14の原因グループに集約された。それは第2図および第1表のとおりである。

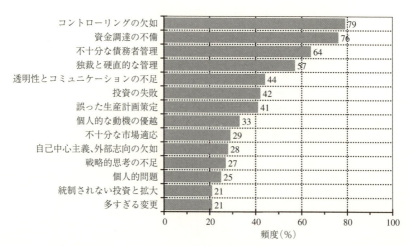

第2図　重要な倒産原因

出所　o. V.：a. a. O., S. 20.

第1表　重要な倒産原因

	要素ごとの平均 %	頻度 %	因子負荷量
要素1：コントローリングの欠如	79		
企業計画策定の欠如		81	0.62
原価計算がない、コントローリングがない		77	0.77
要素2：資金調達の不備	76		
過少な自己資本		96	0.62
過小な信用力		81	0.70
過大な利子負担		72	0.45
予期されない事態に対する引当金が小さい		65	0.69
半ば完成した仕事の評価の誤り		65	0.41
要素3：不十分な債務者管理	64		
不十分な債務者管理		79	0.64
あまりにも短期的な資金調達		58	0.51
資金調達期間の合理的な調整の欠如		55	0.47
要素4：独裁と硬直的な管理	57		
古い考えに対する硬直的な拘泥		75	0.66
ワンマン支配		48	0.63
意思決定の欠点		47	0.66
(外国での購入の際のリスクの過小評価)		11	0.51
要素5：透明性とコミュニケーションの不足	44		
企業内でのコミュニケーションの不足		53	0.56
複雑で鈍重なプロセス組織		50	0.38
(少なすぎるリスク分散すなわちあまりにも少ない顧客、供給者および銀行)		44	0.43
ビジネスパートナーとのオープンなコミュニケーションの欠如		37	0.60
不明確な専門的能力		34	0.62
要素6：投資の失敗	42		
必要な投資量の誤った見積もり		60	0.61
誤った投資時点		35	0.76
建物を賃借せずに自ら建設する		31	0.65

要素7：誤った生産計画策定	41		
生産能力利用の不足		58	0.59
生産プロセスの不適当な組織化		51	0.68
誤った市場観察		51	0.34
陳腐化したテクノロジーと設備		48	0.65
大きすぎる生産深度		34	0.55
時代遅れになった製品		32	0.47
過少な製品ライン、過多な製品ライン		31	0.51
製品の欠陥		24	0.37
要素8：個人的なモチベーションの優位	33		
後継者の決まっていない所有者経営企業		38	0.61
（短すぎる―1年未満の―計画策定期間および分析期間）		63	−0.52
所有者間でのコンフリクト		30	0.48
もっぱら特定の顧客要求を志向すること		30	0.38
要素9：不十分な市場適応	29		
価格政策における失敗		45	0.61
グローバル化の不十分な考慮		12	0.65
要素10：自己中心主義、外部関係の軽視	28		
危険の否定、絶大な力をもっているとの感覚		54	0.41
市場変動に関する知識の不足		43	0.41
従業員に対する不信		13	0.56
供給者に対する不信		2	0.73
要素11：戦略的な省察の不足	27		
戦略的思考のために日常業務から解放される人員がいない		38	0.75
		34	0.49
主要な顧客の側での企業政策的および人的な変動に関する情報の不足		19	0.49
国内市場への特化		17	0.48
要素12：人事問題	25		
販売減少の場合に人員の除去が行われない		80	0.33
従業員のモチベーションの不足		28	0.77
従業員とのコンフリクト		22	0.65
従業員と企業のアイデンティティーの欠如		20	0.75
従業員の精神的動揺が大きい		13	0.71
病欠が多い		11	0.55
悪質な従業員		2	0.56
要素13：統制されていない投資と拡張	21		
過少な投資		36	0.50
適切性を欠く販売チャネル		27	0.42
共同事業と企業参加についての誤ったリスクの見積もり		21	0.57
為替リスクの誤った見積もり		13	0.67
過度に広がりすぎた国際的拡張		8	0.70
要素14：多すぎる変動	21		
急ぎすぎた拡張		31	0.81
業務管理における過度の変革		11	0.52

出所　o.V.：a. a. O., S. 32 f.

　上記の14グループのうち管理の失敗として強調され得る重要なものは、①コントローリングの欠如、②資金調達の不備、③不十分な債務者管理、④独裁と硬直的な管理、⑤透明性とコミュニケーションの不足、⑥投資の失敗、⑦誤った生産計画策定である[43]。

　また、同時に、多くの企業において債務者管理がなおざりにされていて、そのことが企業の存在を脅かすような危機を招来することが指摘されている[44]。さらに、倒産申立（Insolvenzantrag）が行われた時点に関する問いに

対して、質問を受けた倒産管財人の 72％ が遅すぎると回答した[45]。周知のように、1999 年に「倒産法」(Insolvenzrecht) が施行され、そのことによって企業再生の可能性が大きくなった[46]。それゆえ、この「倒産法」の制定・施行が、より早い倒産申立が行われ、企業再生の可能性を探ることの促進要因になると考えられるのであるが、倒産管財人の 72％ が従来と変わらず、「倒産法」の影響は見られないと回答した。倒産申立が遅くなることのいくつかの原因が考えられている[47]。それは次のようにまとめられる。

①心理的要因
　　・何とかして回復するであろう（96％）。
　　・知人や同業者に恥をさらしたくない（95％）。
②合理的理由なし
　　・倒産申立の遅れによる制裁は大したことはない（60％）。
　　・法律の規定をよく知らない（77％）。
③倒産管財人が手続の変更を望まない
　　・倒産申立は倒産の前に位置づけられる手続ではない（88％）。
　　・倒産申立は官庁によって主導されるべきものではない（77％）。

それでは、早期に倒産申立が行われることの利点は何か。被質問者による回答は第 3 図の如くである。

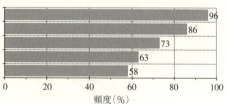

第 3 図　早い倒産申立の利点
出所　o. V.：a. a. O., S. 10.

ユーラーヘルメスと ZIS による調査研究によって、企業倒産（企業危機）を惹起する最も重要な原因が「管理の失敗」であることが明確になった。そ

のことは 14 の原因グループのうちの上位に位置づけられる 7 グループによって明らかである。また、その他の原因グループに関しても、大部分が管理の失敗に還元され得るものと思われる。さらに、倒産申立が遅くなることも最終的には企業管理の領域にその原因が求められ得るのである。すなわち、遅い倒産申立によって企業再生が阻害され、企業危機の第 4 局面[48]における危機マネジメント（倒産における危機マネジメント）が有効に機能しないということも当該局面における管理の失敗の帰結であると言える。

　次の点に言及しておきたい。被質問者の考えている典型的な倒産のケースがこの調査のプロセスで明らかになった。それらは主として規模の小さい企業のそれであって、必ずしも大企業に関してみられる大型倒産ばかりではないのである。報告書に記載されている典型的な倒産企業のメルクマールは第 4 図に示されている。

　以上のことから明らかなように、典型的な企業倒産のケースには大企業の倒産も含まれているが、その割合は圧倒的に小さい。したがって、比較的規模が小さな（売上高が 5000 万 Euro 未満、従業員数は 50 人以下）所有経営者により管理されている若い企業ということが調査結果に影を落としている。ユーラーヘルメスと ZIS の共同研究の結果がどこまで一般化され得るかということが、残された課題である。

　デュッセルドルフにあるコンサルタント会社である Droege Comp. GmbH. が、そのコンサルティング活動の範囲で、調査を実施した。それは、1990 年代の終わりに企業危機（成果危機および流動性危機を内容とする企業危機の第 3 局面）に陥ったけれども、それを克服することに成功した企業に関する調査であり、成功した危機マネジメント（erfolgreiches Krisenmanagement）の実態を明らかにするものであった。その概要がベルガウアー（Bergauer, A.）による 2 冊の書物で公表されている[49]。ちなみに、調査に応じた 30 社は次のような企業である[50]。

①部門別の構成

　機械（26.7％）、自動車部品（20％）、建築資材（10％）、テレコミュニケーション（10％）、自動車（6.7％）、衣料品／靴／繊維（6.7％）、ファイン

44　第Ⅰ部　企業危機をめぐる問題

売上高

区分	頻度(%)
100万Euro未満	18
100万Euro以上500万Euro未満	31
500万Euro以上1000万Euro未満	20
1000万Euro以上5000万Euro未満	20
5000万Euro以上1億Euro未満	2
1億Euro以上	6
回答なし	2

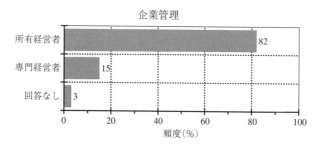

企業管理

区分	頻度(%)
所有経営者	82
専門経営者	15
回答なし	3

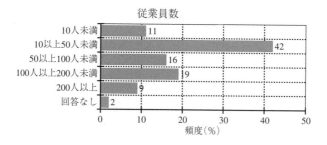

従業員数

区分	頻度(%)
10人未満	11
10以上50人未満	42
50以上100人未満	16
100人以上200人未満	19
200人以上	9
回答なし	2

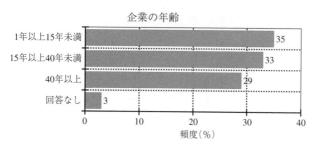

企業の年齢

区分	頻度(%)
1年以上15年未満	35
15年以上40年未満	33
40年以上	29
回答なし	3

第4図　典型的な倒産企業のメルクマール

出所　o. V. : a. a. O., S. 15.

セラミックス／光学（6.7％）、エレクトロニクス部品（3.3％）、飲料／食料品（3.3％）、紙製品（3.3％）、薬品／化粧品（3.3％）
②法律形態
　株式会社（80％）、株式合資会社（6.7％）、有限会社（10％）、財団会社（3.3％）
③売上高
　6980万DM～111億8600万DM、中央値は15億5450万DM。
　2億DM未満（13.3％）、2億DM超11億DM以下（50％）、11億DM超41億DM以下（33.3％）、41億DM超（0％）
④従業員数
　185人～44797人、中央値は6122人（1997年または1996/97年）
⑤企業回生を達成した時期
　1992～1995年（56.6％）、1996年（13.3％）、1997年（30％）
　また、この質問調査に対して解答したのは、ほとんどが会長を含む取締役であり、その他では、秘書室長、取締役会事項担当のプロジェクト・マネージャー、コントローリング部門のマネージャーなど、いずれも企業経営の中枢にあった人々である[51]。

　ベルガウアーは、企業危機の原因を詳細に分析することは当面の課題にとって重要ではないと断りながら、テップファー（Töpfer, A.）の枠組み[52]を利用して、危機に陥った企業の経営者や管理者が何を企業危機の原因と考えているかということを明らかにしている[53]。調査の結果として明らかになった企業危機原因は次のとおりである。
　①トップ・マネジメントの怠慢および失敗
　②戦略的な方向付けの欠如
　③構造とプロセスにおける複雑性
　④時宜にかなった指揮の欠落
　⑤不適切な価値創造深度（生産深度）
　⑥最適でない供給者政策
　⑦財務管理における欠陥
　⑧市場の喪失

⑨グローバリゼーションによる価格下落
⑩景気の悪化

これらのうち、①、③、⑤および⑥は80％以上の人が指摘した原因である。とりわけ、ほとんどの回答者（86.9％）が、企業危機がトップ・マネジメントの失敗に帰せられると答えたのである。また、取締役会内部での破滅的なコンフリクト、取締役の頻繁な交代による管理の継続性の欠如、引退する管理者の後継者不足などさまざまな人的要因が指摘された。ベルガウアーは、これらを人的資本なる原因複合体（Ursachenkomplex）とみなし、それらが企業危機を惹起する主たる原因であると考えているのである[54]。さらに、適切なコントローリング・システムの欠落にも言及されている。

以上のようなことが企業によって自覚されて、93.3％の企業において、人的側面が危機マネジメントの中で重要な役割を果たすこととなった。そして、被調査企業の取締役の60.7％において補充が行われ、また、85.7％の企業では枢要な人材の補充が行われた。さらに、26.7％では管理者の能力プロフィールが分析され、そのために外部のコンサルタントも利用された。また、管理者ポストの新設が行われる一方で、管理の効率化を図るために管理階層および管理者数の削減が実行されたケースも多い[55]。

以上において、ユーラーヘルメスとZISによる調査ならびにベルガウアーによる調査のうち当面の課題に関連する重要な部分を紹介してきた。これらを総合すると、危機に陥った企業の外部の眼すなわち倒産管財人の眼、また、かかる企業の内部の眼すなわち経営者や管理者の眼のいずれの眼で見ても企業危機の主たる原因が管理の失敗に求められ得るということが明白である。もちろん、ユーラーヘルメスとZISの調査は2006年当時の企業を対象としており、ベルガウアーの調査は1996-1997年の企業危機および効果的な危機マネジメントに関するものである。その意味で、2つの調査は背景を異にしていると言える。しかしながら、そのことは結論に影響を及ぼさないものと考える。

V. 結

　本章の冒頭で述べたように、企業危機の主たる原因が管理の失敗であると言われることが多い。そのことの妥当性は、ユーラーヘルメスと ZIS による調査およびベルガウアーの調査によって確かめられ、裏付けられ得るのである。管理の失敗が企業が陥る危機の重要な原因であることは自他ともに認めるところであると言える。

　同様のことは、企業危機に関する先駆的な研究によって1930年代から主張されていた。それらの研究から学ぶべきことは多い。本稿においては、フレーゲ=アルトホフ、フィントアイゼンおよびティーレの所説について考察した。この三人の論者は、いずれも時代に制約されて有機体論的思考を基礎としているが、それぞれの論述には独自の色が看取され得る。

　今日、企業危機の主たる原因としてコントローリングの欠落が指摘され、また、企業危機におけるコントローリングの重要性が喧伝されている[56]。上述のように、このようなことはフレーゲ=アルトホフによってすでに主張されていた。彼は、企業の病気を回避・克服するために、企業経営者とは別個の職位としての経営の医師を配置することの必要性を強調した。それは現状を分析し、将来を予測するために不可欠と思われたのである。また、そのような人材の養成を当時の商科大学（Handelshochschule）に期待したのである。さらに、フィントアイゼンは、それ以前の経営経済学が物質的なこと（Materie）すなわち量的なもの（Zahl）のみに目を奪われ、それを生じさせる基礎となっているものを考慮しないことに不満を表明し[57]、あらゆる企業管理の質の問題を考察することの必要性を指摘している。そして、ティーレは、国民経済の管理のための企業の管理という姿勢を鮮明にして、国民経済の成果に影響を及ぼす企業危機およびそれを克服する手段としての経営休止の問題を究明し、それの原因としての誤った企業管理ということを明確にしたのであった。

　これらの所説は当時の社会経済的背景に規定されていることは当然のことである。しかし、われわれが今日の企業危機や危機マネジメント、さらに

は、コントローリングやコントローラーの問題を考察する際に有益な示唆を与えてくれるといえる。

注
1）Apitz, K.：Konflikte, Krisen, Katastrophen, Frankfurt am Main/Wiesbaden 1987, S. 13.
2）深山 明『企業危機とマネジメント』森山書店、2010年、201ページ。
3）Krystek, U. und Moldenhauer, R.：Handbuch Krisen- und Restrukturierungsmanagement, Stuttgart 2007, S. 51.
4）固定費とは操業に依存しない原価のことであり、実質的には、それは経営準備原価（Betriebsbereitschaftskosten）として把握される。しかして、固定費は経営準備を為すことによって発生するのであり、それは生産能力を有することによって惹起されるのである。
5）深山 明、前掲書、10ページ以下。
6）企業危機の第2局面と第3局面の内容が、それぞれ、成果危機、成果危機および流動性危機であることを想起されたい。これに関しては、深山 明、前掲書、178ページ以下を参照。
7）これに関しては、深山 明、前掲書、184ページ以下を参照。
8）Fleege-Althoff, F.：Grundzüge der allgemeinen Betriebswirtschaftslehre, Leipzig 1934, S. 22 ff. これに関しては、深山 明、前掲書、58ページ以下。
9）Fleege-Althoff, F.：Die notleidende Unternehmung, Stuttgart 1930, Vorwort und S. 43 f. 深山 明、前掲書、61ページ。彼は、企業あるいは経営の病気に関する学を企業の疾病学（Krankheitslehre der Unternehmung）あるいは経営疾病学（Betriebskrankheitslehre）と称している。それは、経営病理学（Betriebspathologie）、経営治療学（Betriebstherapie）および経営予防学（Betriebsphylaxis）から成る。フレーゲ゠アルトホフが目指しているのは経営病理学を基礎とする経営治療学と経営予防学である。彼の場合、企業危機の原因は企業疾病の原因として把握されることになるが、それに関する叙述は、経営病理学の一部分である疾病原因の学（Lehre von der Krankheitsursachen）の範疇に属する。なお、経営病理学は、疾病原因の学の他に疾病現象の学（Lehre von der Krankheitserscheinung）と診断と予測の学（Lehre von der Diagnose und Prognose）を含む。
10）深山 明、前掲書、62ページ。

11) Fleege-Althoff, F. : a. a. O., S. 85.
12) Fleege-Althoff, F. : a. a. O., S. 105.
13) Fleege-Althoff, F. : a. a. O., S. 112 ff.
14) Fleege-Althoff, F. : a. a. O., S. 113.
15) Fleege-Althoff, F. : a. a. O., S. 113.
16) Fleege-Althoff, F. : a. a. O., S. 113 ff.
17) Fleege-Althoff, F. : a. a. O., S. 171.
18) Fleege-Althoff, F. : a. a. O., S. 85.
19) Fleege-Althoff, F. : a. a. O., S. 171.
20) この研究所は、フレーゲ=アルトホフによると1926年の開設ということになっているが、1923年の誤りである。この研究所は現在も健在である。ニュルンベルクは今日でも市場研究の盛んな都市であり、市場研究のメッカ（Mekka der Marktforschung）といわれている。ドイツの市場研究者の6分の1がニュルンベルクで仕事をしている。
21) Findeisen, F. : Aufstiek der Betriebe, Leipzig 1932, S. 41 ff.
22) Findeisen, F. : a. a. O., S. 41.
23) Findeisen, F. : a. a. O., S. 45.
24) ①症状には問題がないが、全体経営は病気である、②症状は少し問題があるが、全体経営は健康であるといった事態が考えられるので、症状のみを見ただけで状況を把握することはできない。ちなみに、古い（フィントアイゼン以前の）経営経済学は症状のみを考えていた。
25) Findeisen, F. : a. a. O., S. 46. Vgl. auch Findeisen, F. : a. a. O., S. 52 f.
26) Findeisen, F. : a. a. O., S. 47.
27) Findeisen, F. : a. a. O., S. 47.
28) Findeisen, F. : a. a. O., S. 50 ff.
29) Findeisen, F. : a. a. O., S. 50.
30) Findeisen, F. : a. a. O., S. 51.
31) Findeisen, F. : a. a. O., S. 48.
32) Findeisen, F. : a. a. O., S. 52.
33) Thiele, W. : Die Stillegung von Betrieben, Würburg-Aumühle 1937, S. 18. ティーレの研究に関しては、深山 明、前掲書、145ページ以下を参照。
34) Thiele, W. : a. a. O., S. 5.
35) Thiele, W. : a. a. O., S. 17 ff.
36) Thiele, W. : a. a. O., S. 24.
37) Euler Hermesのカタカナ表記については、日本支店（Euler Hermes Deutschland AG, Japan Branch）が用いている表記に従った。

38) このセンターは、2006年に設立され、倒産と企業再生に関する研究を促進し、法律学と経済科学の交流、さらには、学問と実践の交流を密にすることを任務としている。
39) この調査研究の結果は、o. V.: Ursachen von Insolvenzen – Gründe für Unternehmensinsolvenzen aus der Sicht von Insolvenzverwalter, Wirtschaft Konkret, Nr.414, 2006 としてウェブ上で公開されている。
40) o. V.: a. a. O., S. 6. Vgl. auch Press-Information. 倒産は企業危機を表す指標として考えられている。
41) 被質問者である125人の半数はもっぱら倒産管財人として活動しており、44％は少なくとも労働時間の50％以上を倒産管財人としての活動に従事していた。また、彼らの2/3は少なくとも8年間の経験を有していた。さらに、彼らの81％は手続が開始された50～500件の倒産手続に関わっており、全体として約19000件の倒産手続に関与していた。ちなみに、2006年のドイツにおける企業倒産件数は34137件であった。したがって、この125人は60％弱の倒産に関わっていたことになる。
42) 以下の記述は、報告書の他に、プレス・インフォメーション、プレゼンテーション配付資料に基づいている。これらはすべてウェブ上で公開されている。
43) Pressgespräch, S. 10 f.; Presse-Information.
44) Vgl. Presse-Information.
45) o. V.: a. a. O., S. 7; Pressegespräch, S. 14.
46) この法律はアメリカの「連邦倒産法」で定められている再建手続から大きな影響を受け、「経済的に有意義で実態にかなった倒産処理」(ディーター・ライポルド「ドイツとヨーロッパの新しい倒産法」『日独法学』第20巻、2002年、166ページ)を志向しており、「債務者更正主義」を基礎とするものである(山本和彦『倒産処理法入門』第3版、有斐閣、2008年、5ページ)。したがって、従来の「破産」および「和議」という二本立ての手続が、「倒産手続」として一本化され、再生可能な企業の救済を目指すこととなったのである。これらの事情に関しては、深山 明、前掲書、19ページ以下を参照。
47) o. V.: a. a. O., S. 13 ff.; Pressegespräch, S. 15; Presse-Information.
48) 企業危機の4つの局面については、深山 明、前掲書、180ページ以下を参照。
49) Bergauer, A.: Erfolgreiches Krisenmanagement in der Unternehmung – Eine empirische Analyse, Berlin 2001; dieselbe: Fühlen aus der Unternehmerische-Leitfaden zur erfolgreichen Sanierung, Berlin 2003.
50) Bergauer, A.: Erfolgreiches Krisenmanagement in der Unternehmung – Eine empirische Analyse, S. 37 ff. 企業名は4社を除いて明示されている。
51) Bergauer, A.: a. a. O., S. 10 ff. 回答者の氏名、職位は4社を除いて明らかにさ

れている。この調査の対象となった企業は、ユーラーヘルメスとZISによる調査の場合と比べるとかなり規模が大きいと言える。それは周到に調査対象が選択されたからである。したがって、ユーラーヘルメスとZISの調査の結果に対してもたれるようなことを懸念する必要はない。

52) Töpfer, A.: Analyse von Insolvenzursachen, in: Schimke, E. und Töpfer, A.（Hrsg.）: Krisenmanagement und Sanierungsstrategien, 2. Aufl., Landsberg am Lech 1986, S. 158 ff.
53) Bergauer, A.: a. a. O., S. 126 ff. und S. 312 ff.; dieselbe: Fühlen aus der Unternehmerische-Leitfaden zur erfolgreichen Sanierung, S. 18 ff.
54) Bergauer, A.: a. a. O., S. 20 f.
55) Bergauer, A.: a. a. O., S. 45.
56) Vgl. z. B. Krystek, U., Moldenhauser, R. und Everz, D.: Controlling in der aktuellen Krisenerscheinungen, ZfCM, 53. Jg.（2009）, S. 164 ff.; Krystek, U.: Die Rolle des Controllings in der Restrukturierung und Sanierung, in: Everz, D. und Krystek, U.（Hrsg.）: Restrukturierung und Sanierung von Unternehmen, Stuttgart 2010, S. 41 ff.; Weber, J. und Zubler, S.: Controlling in Zeiten der Krise, Weinheim 2010.
57) Findeisen, F.: a. a. O., S. 11.

第3章　戦略的危機マネジメントの事例

I．序

　かつての西ドイツに Preussag-Konzern なる企業集団が存在し、それは持株会社である Preussag AG によって統括・運営されていた。

　このコンツェルンの前身は、プロイセン鉱山・精錬株式会社（Preußische Bergwerks- und Hütten-Aktiengesellschaft：Preußag 資本金50万金マルク、本拠地はベルリン）として 1923 年 12 月 13 日に設立された。それは、プロイセン州によって経営されていたルール地方以外にあるすべての鉱山、精錬所および製塩所を株式会社に転換するとの州議会の決定によるものであった。その目的は、それらの事業を私経済的な諸原理（privatwirtschaftliche Grundsätze）に基づいて経営するということであった[1]。かくして、鉱山等の諸事業の運営が新しく設立された株式会社に委ねられることになったのであるが、プロイセン州は、当該株式会社の所有者として、それらの事業に対する支配権を引き続き保持していた[2]。ちなみに、このような諸事業の株式会社化はヴァイマル共和国の経済政策の一環として行われたのである。

　1929 年にプロイセン州議会は、プロイセン州所有の多くの企業を悩ましていた経営問題とりわけ資金調達問題を解決するために、プロイセン合同電力・鉱山株式会社（Vereinigte Elektrizitäts- und Bergwerks-Aktiengesellschaft：VEBA 資本金 1 億 4 千万ライヒスマルク）の設立を決定した[3]。Preußag もこの傘下に入ったが、VEBA を通してプロイセン州によって支配されていることに変わりはなかった。

第2次世界大戦によってPreußagは財産の半分以上を失ったが、本拠地をベルリンからハノーファーに移して再出発した。そして、1959年に国民株（Volksaktie）を発行することによって民営化（Privatisierung）を行い[4]、1964年には企業名がPreussag AGに変更された。その後、1989年にPreussag AGは持株会社（Holding）となり[5]、Preussag Anlagenbau GmbH、Preussag Antrazit GmbH、Preussag Erdöl und Erdgas GmbHが業務的な役割を担うこととなった。そして、同年のSalzgitter-Konzernとの合併によって古典的な工業コンツェルン（klassisches Industriekonzern）が形成されたのである。

　Preussag-Konzernは今日では存在しない。それが観光事業コンツェルンたるTUIに変身したからである。2000年頃から多くの企業において変革が行われている。それらはきわめて広範囲で徹底的なものである[6]。Preussagの変身はそのような潮流の中で実行されたが、「おそらくPreussagほど根本的に姿を変えたコンツェルンはない[7]」といわれるほどのものであった。

　いかにしてPreussagはTUIとなったか。かかる現象は企業の転換（Umwandlung）といわれる。本稿においては、それを危機マネジメント（Krisenmanagement）とりわけ戦略的危機マネジメント（strategisches Krisenmanagement）[8]の1つの現れとして把握し、その動因やプロセスを明らかにすることにしたい[9]。

II. 基礎的考察

　企業危機（Unternehmenskrise）は1つのプロセスとして把握することができる。それは3つの局面または4つの局面を有するプロセスとして説明されることが多い。しかしながら、別の機会において述べたように、企業危機は5つの局面で捉えることがより現実的であり、適当であると考えられる[10]。5つの局面とは、潜在的な企業危機（第1局面）、潜伏的な企業危機（第2局面）、顕在的／自律的に支配可能な企業危機（第3局面）、顕在的／他律的に支配可能な企業危機（第4局面）、顕在的／支配不可能な企業危機（第5局面）である。

企業危機の5つの局面のうちで通常の危機マネジメントの対象となるのは、第1局面、第2局面および第3局面である。なぜならば、第4局面においてはすでに倒産手続が開始されており、危機マネジメントといってもそれは法律で定められた枠内におけるそれであって、自律的なものではない。すなわち、それは他者の手によって遂行される企業危機克服のための危機マネジメントである。また、第5局面の企業危機はもはや克服することは不可能で、死を待つばかりである。この局面でのマネジメントは安楽死のためのマネジメントである。もとより、第5局面に関する危機マネジメントは考えられないのである。したがって、第1局面～第3局面に関わる3種類の危機マネジメントが通常の危機マネジメントということになるのである。

　周知のように、第1局面は潜在的企業危機として特色づけられる。この局面では企業危機は未だ生起しておらず、企業は正常状態を保持している。すなわち、それは企業危機発生の可能性が潜在的に存在するということを意味しているのである。次に、第2局面は潜伏的な企業危機を表す。その場合、企業危機はすでに発生しているのであるが、その症状は顕在化していない。さらに、第3局面においては、企業危機は顕在化しており、これに対処することに失敗すれば、企業は倒産という事態に陥ることを余儀なくされるのである。

　以上のことに基づいて、①企業危機を回避するための危機マネジメント、②潜伏的な企業危機を克服するための（企業危機の顕在化を回避するための）危機マネジメントおよび③顕在的な企業危機を克服するための危機マネジメントという危機マネジメントの3類型が考えられるのである。

　企業危機の生起を回避するための危機マネジメントは、戦略的危機マネジメントとして特色づけられる。それは戦略危機（まだ発生していない危機）に対処するために、いわゆる成果獲得ポテンシャル（Erfolgspotential）の構築・維持・拡大を志向するのである。それに対して、もっぱら既存の成果獲得ポテンシャルの利用を企図する危機マネジメントが考えられる。それは、戦術的な危機マネジメント（operatives Krisenmanagement）であって、潜伏的企業危機および顕在的企業危機の克服を目的とする企業危機である。

　上述の如き危機マネジメントの具体的な現れは、リストラクチャリング

（Restrukuturierung）と企業再生（Sanierung）である。一般に、これらは概念的に峻別されないことが多い。本章においては、企業危機回避のための戦略的危機マネジメントと企業危機克服のための戦術的危機マネジメントの内容を際立たせるために、リストラクチャリングと企業再生を異なる目的を有する方策として説明することにする。

　リストラクチャリングは、一般的には、環境条件の変化を考慮に入れて事業の再構築を行うことであるとみなされている。そして、資源の選択と集中による事業の拡大、事業の縮小、市場からの撤退などが実施されるのである。

　リストラクチャリングに関しては、戦略的リストラクチャリング（strategische Restrukturieung）と戦術的リストラクチャリング（operative Restrukturieung）を区別することができる[11]。戦略的リストラクチャリングは、企業危機の回避のための危機マネジメントの一環として行われる。その場合、全体的な利害のマネジメントが重視され、企業管理者には十分な時間が与えられているのである。それに対して、戦術的リストラクチャリングに関しては、企業危機の回避ということはもはや意味をもたず、戦術的に方策が企図されることになる。戦術的リストラクチャリングの場合、企業の存在確保ということが、すべての基礎となっており、短期的な利益確保が志向され、部分的な利害（融資者、出資者の利害など）のマネジメントが実施される。そして、利用可能な時間は逼迫していることが多い。以上のことから明らかなように、戦略的リストラクチャリングは企業危機の第1局面、戦術的リストラクチャリングは企業危機の第2局面におけるリストラクチャリング（危機マネジメント）である。

　企業再生を意味するドイツ語のSanierungはラテン語のsanaeに由来する概念で、それは、「病気を治す、または、健康にする」という意味をもつ[12]。したがって、企業再生の大前提は「すでに病気に罹っている」ということであって、企業再生には罹病を回避するあるいは予防するという意味は本来的にない。したがって、企業再生はすぐれて戦術的なものであり、第3局面の企業危機に対処するための方策であると言える。

　以上において述べてきたことは、第1図のように表すことができる。

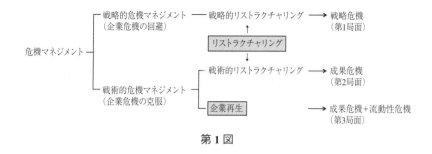

第 1 図

Ⅲ．ドイツにおけるツーリズムと TUI の形成

　ツーリズム（tourism, Tourismus）なる概念はギリシア語に語源をもつと言われるが、それがフランスを経て、ドイツにおいて用いられるようになったのは 1830 年頃のことであった[13]。

　ツーリズムは居住地（Heimatort）と旅行目的地（Reiseziel）との間の旅行者の往来（Reiseverkehr）、旅行目的地での一時的な滞在、居住地での旅行準備（Reisevorbereitung）および事後的処理（Nachbereitung）といった活動・現象を包括するきわめて広い概念である[14]。したがって、それは関与するすべての機能負担者（Leistungsträger）の活動を含むことになり、①居住地、②移動、③旅行目的地という 3 つの局面に参画するすべての主体が、考察の対象となるのである。かかる事情をシュルト（Schuldt, S.）は第 2 図のようなシェーマで示している。

　このようなツーリズムの範疇に属するのは休暇旅行（Urlaubsreise）であって、商用旅行（Geschäftsreise）は含まれない。そして、ここで用いられている意味での休暇旅行とは、休養（Erholung）のために日常的な居所の範囲外で 1～4 週間の間滞在することをいう[15]。

　以上のことから明らかなように、「旅行・観光」という最終生産物あるいは全体生産物（End- oder Gesamtprodukt）の生産に参画する色々な主体すなわち各機能担当者、たとえば、輸送（航空機、鉄道、自動車）、宿泊等（宿泊、飲食、店舗の営業）、目的地サービス（小旅行、アトラクション、チ

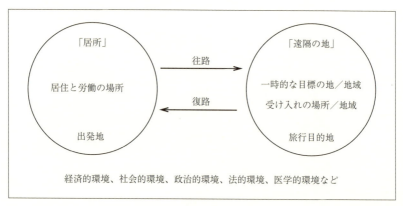

第 2 図

出所　Schuldt, S.: a. a. O., S. 5.

ケット手配、レンタカー、移送など）ならびに旅行主催者（Reiseveranstalter）および旅行仲介者などがツーリズムの価値創造連鎖（Wertschöpfungskette）を形成するのである。

　ドイツにおける観光事業は、2000年前後から大きな変化を経験した。それは、旅行主催者市場での構造変化であった[16]。1990年代の半ばまでは、価値創造連鎖に参画する各々の主体が個別的に自らの機能を遂行していた。そして、競争はもっぱら同質的生産物の価格と供給深度（Angebotstiefe）を通じて行われていた。それに対して、今日ではツーリズム経済における水平的統合（集中化による規模の経済の実現を目指す）と垂直的統合（一体化による全体的支配を通じての利益増大を目論む）が進展し、大規模な観光コンツェルンがその影響力を行使して、総合的にサービスを提供しているのである。それは、「組織化されたあるいは制度化された観光事業[17]」と称される。このことに関して、フライヤー（Freyer, W.）は、「ドイツの旅行主催者市場の展開は、統合化されたコンツェルンという現象によって特色づけられる[18]」と述べている。このようにツーリズム市場が大規模コンツェルンによって支配されるようになったが、その理由は以下のようなことに求められ得る。

　2014年にドイツでは、9,829の旅行代理店が存在し、67,230人を雇用し、

493億Euroの売り上げを記録した。いずれもヨーロッパでは突出している[19]。これらの業者が熾烈な価格競争を繰り広げているのである。かかる状況の下で、旅行主催者が水平的および垂直的統合によって、自らの組織を大規模化し、同時に多くの企業を支配下に置こうとすることは必然である。そして、「コンツェルンの購買力と財務的手段をもって、彼らは既存の旅行主催者に厳しい価格競争を仕掛けることができた[20]」のである。

さらに、パッケージ旅行（Pauschalreise）に関する価値創造の構造は第3図のように表すことができる[21]。

価値創造構造	輸送	宿泊	目的地での給付	旅行主催者	旅行代理店
	・航空機 ・鉄道 ・バス ・自動車	・宿泊 ・飲食店経営	・ガイド ・遠足 ・アトラクション ・チケットサービス ・レンタカー ・バス輸送		・伝統的旅行斡旋 ・ネット利用による旅行斡旋
価値創造比率	25〜40%	25〜40%	5〜10%	5〜10%	5〜10%

第3図

したがって、たとえば1,000 Euroのパッケージ旅行の場合、旅行主催者は5〜15%（50〜150 Euro）を得るに過ぎないのである。しかるに、ホテルや航空会社は25〜40%（250〜400 Euro）を得ているのである。したがって、旅行主催者は、ますます多くの機能負担者（輸送、宿泊など）と販売仲介者（Absatzmittler）を自らの組織に統合し、「旅行主催者が機能の連鎖（Leistungskette）として編成する・全・体・的・な・価・値・連・鎖・か・ら・利・益・を・獲・得・す・る（傍点は引用者）[22]」ことを目指したのである。それは旅行主催者が価値創造連鎖の全体を統合・支配し、そのことによる利益追求を行わんとしていることを意味する。また、最近ではインターネット利用の普及によって、旅行者が航空会社やホテルのサービスを直接購入することが増加している。このことも旅行主催者による価値創造連鎖の全面的支配を促す要因となっている。

また、観光事業には、予想することができないリスクが宿命的につきまと

う。観光事業は、たとえば、自然災害（地震、火山の噴火、台風、洪水）、技術的な突発事故（とくに航空機、鉄道、船舶、バスなどの領域での事故）、病気・疫病（サーズ、エイズ、BSE）、人身攻撃（テロ、犯罪行為）などに遭遇する[23]。それらは観光事業の経営を不安定なものにする。したがって、このようなリスクを負担するために、必然的に企業規模の拡大が希求されることとなる。また、旅行という財は非物質的なものであり、それの生産と消費は同時的に行われる。貯蔵あるいは在庫生産は不可能である。したがって、需要の正確な予測と適切な生産能力の準備はきわめて困難で、過剰能力あるいは過少能力という事態の発生する危険が大きい。このようなリスクを負担するためにも規模の拡大が要請されるのである[24]。

　以上のような供給側の展開を需要側から裏付けたのがドイツ人の旅行文化であり、奇跡の復興を遂げた1960年代からの交通手段の発達、労働時間の短縮、可処分所得の増加などに基づくパッケージ旅行に対する旺盛な需要であった。

　ドイツにおける旅行主催者の大規模化およびコンツェルン化の先鞭をつけ、パッケージ旅行隆盛の端緒を開いたのはネッカーマン（Neckermann, J.）であった。彼は通販の会社の経営者であったが、1963年にNeckermann und Reisenを設立し、「ドイツの旅行風土に革命をもたらした[25]」のである。Neckermannは、大量の航空機座席と宿泊施設を確保し、カタログと自前の販売店を用いたパッケージ旅行の直販によって、かなりの原価有利性（Kostenvorteil）を達成した。その結果、Neckermann und Reisenは通常の価格を30～40％下回る価格で商品を提供し、そのことが他の競争者を厳しい価格競争に巻き込むことになったのである[26]。ネッカーマンの政策が「ドイツの大衆ツーリズム（Massentourismus）[27]」そして「組織化されたツーリズムあるいは制度化されたツーリズム[28]」の先駆けとなったのである。

　このような動きに対抗するために、Scharnow、Touropa、Hummel-ReisenおよびDr. Tigersという4社が、「その力を結集し、ますます競争が厳しくなる市場において存在し続けるために、1つに合体して大旅行主催会社になることを決心した[29]」のである。それは新しいビジネスモデルを確立した新興旅行資本に対する「伝統的な旅行資本の結集[30]」と目される。かくして、

1968年11月1日に誕生した新たな観光事業コンツェルンがTouristik Union International（TUI）である。TUIは有限合資会社（GmbH & Co.KG）[31)]という形態の持株会社としてスタートし、ハノーファーを本拠地とした[32)]。このことによって、ハノーファーは後年ドイツの旅行業の中心地となったのである。TUIの出資者はすべて参加企業の出資者であり、有限責任資本（Komamanditkapital）は当初10,832,000 DMであったが、1年後には1,500万DMとなった。

さらに、1970年11月にAirtours International GmbHがTUIに加わり、そして、1970年12月にはTUIとSteigenberger Hotelgesellschaftが共同でRobinson Hotels GmbH & Co. KGを設立した。また、1971年にはTranseuropa、1972年にはIberotel、1977年にはRUI、1981年にはGrecotelsなどがTUIの傘下に入った。

1970年に1つの大きな輸送・観光コンツェルンが誕生した。113年間の間ライバルであったHapag（Hamburg-Amerikanische Packetfahrt-Aktien-Gesellschaft, Hapag）とNorddeutscher Lloyd（NDL）が合併しHapag-Lloyd AGとなったのである。このコンツェルンは収益性の高い旅行代理店チェーンを保有し、また、TUIに対して12.5%を出資していた。このことが後年において重要な役割を果たすことになる。

その後、3大旅行主催会社たるTUI、Neckerman（NUR）およびKaufhof（ITS）がマーケットシェアを巡って厳しい闘いを繰り広げた。そのようなプロセスの中で、グローバルプレイヤーとしてのTUIが世界最大の観光事業コンツェルンとなったのである。

Ⅳ．Preussagの多角化

民営化を果たしたPreussagは、工業コンツェルンとしての多角化の道を歩んだ。そのことは、「事業（Unternehmung）の対象は、素材たる鉄、非鉄金属および化学物質の採取、生産および加工、工業部品の製造および工業システムの構築、陸上輸送手段および水上輸送手段の製造、建築工事および地

下工事、交通・輸送・貯蔵体系の形成における営業的活動であり、……それらは統一的な管理の下におかれる[33]」という定款の文言に明確に現れている。何故にそのような基本政策が選択されなければならなかったか。

　もともと Preussag の事業分野は素材・原材料分野に極端に偏っており、その収益状況は国際的な市場の動向に決定的に依存していた。このことは、Preussag のような企業が宿命的に負わされる構造的な問題である。かかる状況に大きな危険を感じていた Preussag の取締役会は、事業を多角化することによって対処することを決定し、新たに進出する事業領域を消費財に求めた。1968 年のことである[34]。それで、たとえば、Odol（うがい液）、Fissan（絆創膏、軟膏）、Dr. Best（歯ブラシ）のような商品の分野に進出することが企てられた。しかしながら、当初の目論見は外れ、かなりの赤字が発生した。それで、早くも 1974 年にはこれらの事業から撤退することを余儀なくされたのである。このように、既存の事業分野と無関連な分野への進出に失敗したので、これ以後は、収益状況の安定化のために、関連する諸事業分野（verwandte Geschäftsfelder）への参入による多角化が目指されることとなった。その結果、1970 年代および 1980 年代に関連分野への新たな進出が実行された。そのプロセスにおいて多くの買収と売却が行われたのである。しかし、「伝統的な基幹的事業分野の収益性は低く、多くの収益を生む事業の規模を拡大すれば独占問題が発生する[35]」という悩みがあった。かかる状況の中で、「理想的なパートナー[36]」が現れた。それは、ドイツ第 2 の鉄鋼メーカーを有する Salzgitter-Konzern であった。このコンツェルンは、鉄鋼の他に造船、エンジニアリング、情報技術、自動車製造などの分野での事業等に従事していた。したがって、Salzgitter の買収によって活動する市場は補完され得るが、重複する市場はほとんどなく、「市場支配力の集中（Konzentration von Marktmacht）は問題とならない[37]」のであった。それゆえ、独占問題・連邦カルテル庁問題は生じなかったのである。そして、Salzgitter は、造船の Hawaldts-Deutsche Werft（HDW）、自動車製造の Linke-Hoffmann-Busch、モバイル通信技術の Hagenuk を伴って Preussag の傘下に入ったのである。

　Preussag と Salzgitter の合併は、第 2 次大戦後における最大規模のもので

第 3 章　戦略的危機マネジメントの事例　　63

あった。しかし、その他の「ゾウの結婚（Elefantenhochzeit）[38]」とは異なり、いかなる工場も閉鎖されず、大量解雇も行われなかった。それゆえ、この合併は社会から好意的に評価されたのである。

　かくして、1989 年には、Preussag は、石油および天然ガスの採掘、鉄鋼生産、金属販売、造船、自動車製造、機械製造、情報通信技術、環境技術、ビルディングエンジニアリングなどの分野で活動することになった[39]。このようにして、伝統的な工業コンツェルンあるいは多分野コンツェルン（Mehrbereichskonzern）が 1990 年代の初め頃に形成されたのである。第 4 図は、1990 年代初めにおける Preussag の活動していた事業領域を示している。

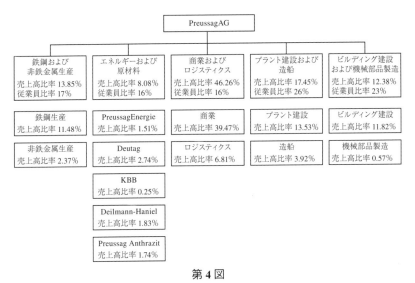

第 4 図

出所　Brauckmann, C. : a. a. O., S. 57.

V．Preussag の大転換

　1997 年は Preussag にとって「運命の年（Schicksaljahr）」であった[40]。すなわち、無限の成長可能性をもつと思われる全く別の分野に進出する機会が現れたのである。Preussag の大転換を主導したのは、フレンツェル（Frenzel,

M.）であった。彼は 1981 年から 1988 まで Preussag の大株主である西ドイツ州立銀行（Westdeutsche Landesbank, WestLB）[41] の管理職であったが、そのときに WestLB の取締役会議長のノイバー（Neuber, F.）の知るところとなった。そして、フレンツェルは 1988 年に Preussag の取締役となり、1944 年にピーパー（Pieper, E.）が引退した後に後任の取締役会議長に就任したのである。

Preussag は、1995/96 年に約 250 億 DM の売り上げを達成したが、その内訳は、重工業領域が 51％ が（鉄および非鉄生産 12％、エネルギー 9％、プラント建設および造船 19％、ビル建設および機械部品製造 11％）、鉄および非鉄金属販売とロジスティクスが 48％ その他が 1％ であった[42]。営業報告書では企業構造の多角化が収益の安定をもたらしたと記述されたが、依然としてオールドエコノミー偏重であることには変わりはなかった。しかして、フレンツェルは、「本来の事業によっては資本コストを上回る利回りを手に入れることができない」との思いを強くもち[43]。かかる状況を克服するために、「われわれはいかなる事業に成長の機会を見出すか。われわれはいかなる事業分野に進出し、いかなる事業分野から撤退するべきか[44]」という問を立てた。それで、既存の事業分野に替わる新しい事業分野が探索されることになる。かかる事業分野は、①量的に十分に成長している市場、②トップの市場地位を得ることができる、③自らのもつコンピタンスで事業を支配することができるという 3 つの基準を満たすものでなければならなかった[45]。

以上のようなコンテキストの中で、前述の Hapag-Lloyd が買収の対象として浮上し、1997 年 9 月に、Hapag-Lloyd の株式の 99.2％ をもつ主要な 7 株主と買収に関する合意が形成された。また、1998 年春に Salzgitter は売却された。かくして、Preussag の観光・サービス事業への進出が始まったのである[46]。この年は、1997/98 年の営業報告書では、「新しい Preussag の年[47]」と記載されている。

Hapag-Lloyd は、その傘下に航空会社、クルーズ船事業を中心とする船会社、旅行代理店チェーンを有し、運輸事業や観光事業で実績を上げていた。それゆえ、このコンツェルンの買収によって、Preussag は事業領域を大きく拡大することに成功したのである。しかし、買収のメリットはそれにとどま

らなかった。Hapag-Lloyd が「特別の真珠[48]」をもっていたからである。それは TUI に対する 30％の持分であった。さらに、Hapag-Lloyd は買収のプロセスで Schickedanz-Gruppe の TUI に対する 20％の持分を取得したので、TUI に対して 51％の持分を保有することになった[49]。さらに、Preussag は WestLB のもつ 30％の持分を買い取り、ドイツ鉄道（Deutsche Bahn）から 20％の持分が譲渡されたので、Preussag による TUI の買収はきわめて容易になったのである。そして、1999 年 7 月には TUI は完全に Prussag の手中に落ちたのであり、2001 年 1 月には 100％子会社となった。さらに、2002 年には Preussag AG は TUI AG とその名称が変えられた。このように、「Hapag-Lloyd の買収は、ツーリズムとサービスへのより強い参画のお膳立てをした[50]」のであり、「最も重要な出来事[51]」であると言われた。Preussag、WestLB、Hapag-Lloyd などをめぐる株式の所有関係は第 5 図の如くであった。

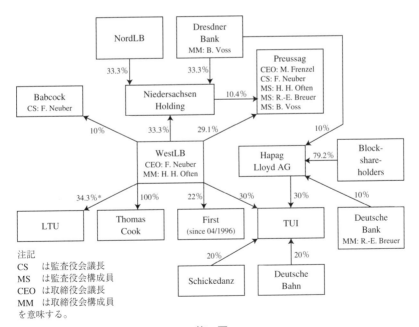

第 5 図

出所　Dittmann, I., Maug, E. and Schneider, op. cit. p. 576.

Preussag は TUI の買収後、成長の見込まれる新しい事業分野への進出・集中と新しい方向付けに合致しない事業分野からの撤退をメダルの 2 つの面として推進した。すなわち、1997 年から 2004 年までに 36 の買収と 32 の売却が行われたのである。それは、「電光石火の如き脱皮（rasante Häutung[52)]」と言われている。かかる政策によって、オールドエコノミーの 8/9 が消滅したのである[53)]。

　1997 年の Hapag-Lloyd の買収とともに、2000 年という年は Preussag にとって 1 つの「里程標[54)]」であった。Preussag は 2000 年の夏にイギリス最大の旅行会社である Thomson Travel Group plc を買収した。Thomson Travel Group plc は、イギリスにおける市場リーダーであるのみならず、北欧諸国においても主導的な市場ポジションを保持していた。これの買収によって、Preussag は「世界最大の統合的旅行コンツェルン[55)]」となったのである。しかしながら、その実現のために、欧州委員会の命令により、1998 年から保有していた Thomas Cook に対する 24.9% の持分を売却せざるを得なかった[56)]。

　ちなみに、Preussag による買収と売却（1997 年～1999 年）の状況は次の通りである[57)]。

売却	
鉄鋼	5,200 Mio.DM
石炭	450 Mio.DM
Deilmann-Haniel	750 Mio.DM
ウラン鉱山	200 Mio.DM
プラントエンジニアリング	3,035 Mio.DM
造船	1,086 Mio.DM
その他	600 Mio.DM
合計	11,321 Mio.DM

投資

Hapag-Lloyd	5,000 Mio.DM
TUI	8,600 Mio.DM
Thomas Cook	4,200 Mio.DM
Carlson UK	1,400 Mio.DM
First	300 Mio.DM
L'tur	360 Mio.DM
その他	240 Mio.DM
合計	20,100 Mio.DM

　第1表は、Preussagによるリストラクチャリングのプロセスにおける事業分野の状況を明らかにしており、また、それからは、専門化→多角化→専門化というプロセスが看取され得る。

第1表

	1996/1997	1997/1998	1998/1999	1999/2000	2001	2002	2003	2004
観光事業	—	27.9%	45.5%	50.8%	57.0%	61.2%	66.1%	73.2%
鉄鋼生産	11.5%	—	—	—	—	—	—	—
非鉄金属生産	2.4%	—	—	—	—	—	—	—
石油およびガス生産	4.5%	4.6%	4.1%	3.9%	3.7%	2.2%	0.9%	—
鉱山	3.6%	3.1%	—	—	—	—	—	—
商業	39.5%	25.7%	20.5%	19.1%	14.0%	15.5%	10.7%	5.4%
ロジスティクス	6.8%	16.4%	17.9%	15.8%	17.4%	18.6%	20.4%	19.2%
造船	3.9%	2.9%	—	—	—	—	—	—
工場建設	13.6%	8.4%	—	—	—	—	—	—
ビル建設	11.8%	9.6%	10.7%	9.4%	7.2%	1.0%	—	—
機械部品製造	0.6%	—	—	—	—	—	—	—
その他	1.9%	1.40%	1.3%	0.9%	0.7%	1.4%	1.9%	2.2%
総売上高 (mill.€)	15,569	19,791	18,637	25,112	22,411	20,303	19,215	18,046
税引き前利益 (mill.€)	360	521	620	747	811	608	913	622
ハーフィンダール指数	21.2%	19.1%	29.4%	33.1%	38.2%	43.4%	49.4%	57.6%

出所　Dittmann, I., Maug, E. und Schneider, C., op. cit., p. 575.

　ところで、Preussagの「脱皮」のプロセスにおいては、大株主であったWestLBが重要な役割を果たした。

WestLBはPreussagの株式の29.1％を直接的に所有していた。さらに、間接的に約10.4％を保有していた。それはNiedersachsen Holdingへの33.3％の出資に基づくものである（第5図を参照）。したがって、これを支配できれば、合計39.5％の議決権をWestLBはもっていたことになる。それに基づいて、WeatLBが自らの意志を貫徹したということは想像に難くない。したがって、TUIへの出資分をPreussagに譲渡し、TUIの買収を容易にすることに寄与したこともかかる文脈の中で評価しなければならないのではないか。

　さらに、PreussagとWestLBの人的な関係も無視できない。フレンツェルはWestLbの管理職であったときに、取締役会議長であったノイバーに親密に協力した。そのことがあって、Preussagの監査役会議長でもあったノイバーの力によってPreussagの取締役に任じられたのであった[58]。そして、ピーパーの後継者として取締役会議長に就任したのである。それもノイバーの庇護によるものであった。フレンツェルは、Preussagでは9年の経験しかなく、ピーパーの考えていた候補者達とは異なり自分のことを「鉄鋼マネージャー（Stahl-Manager）ではない」と明言していた[59]。それゆえ、オールドエコノミーにさしたる未練はなかったのである。さらに、彼の取締役会議長就任後、8名の取締役のうち5名が更迭された。「フレンツェルとノイバーの密接な結びつき[60]」が看過されてはならない。他方では、WestLBの取締役であるオッフェン（Offen, H. H.）はPreussagの監査役でもあった。すなわち、WestLBはPreussagの監査役会に2名を送り込んでいたのである。さらに、資本側の10名の監査役のうち4名が非持分所有者であった[61]。そのことにより、WestLBはPreussagの経営に対してさらに強くコミットすることができたのである。

　Pruessagの転換は何かにつけてフレンツェルの名と結びつけられる。たとえば、「〈古い〉Preussagから今日の旅行・船舶航行コンツェルンへの電光石火の転換はフレンツェルの名前と結びつけられる[62]」と言われるとおりである。彼は何のためにリストラクチャリングを断行したのか。それは、フレンツェル自身が述べているように、株主価値を高めるためである[63]。WestLBはPreussagの支配力を有する大株主であった。それゆえ、フレンツェルは、

第 3 章　戦略的危機マネジメントの事例　　69

プリンシパルたる WesLB のエージェントとして一連のリストラクチャリング政策を行ったのである。

Ⅵ．結

　企業危機は 5 つの局面で把握され得るが、その第 1 局面は潜在的な企業危機である[64]。その場合、企業危機は未だ発生しておらず、企業は正常な状態を保っている。かかる潜在的企業危機の内容は戦略危機と言われるが、それを通常の方法で認識することは困難である。しかしながら、企業にとっては、可及的早くそれを察知して、戦略的に適切に対処することが重要である。このような潜在的な企業危機に対処するためのマネジメントが戦略的危機マネジメントであり、それは戦略的リストラクチャリングとして遂行される。

　本稿で取り上げた「Preussag から TUI へ」という問題は、戦略的危機マネジメントの 1 つの事例である。実際、Preussag は大転換が開始される前夜（1995/96 年）においては、「全体的に満足すべき業績をあげていた」との記述が営業報告書に見られる[65]。しかしながら、フレンツェルは、オールドエコノミーが国際的な市況に強く依存していることに危険を見出し、それを潜在的危機として捉え、株主価値を高めるためにこれに対処せんとしたのである。「たとえ、中長期的に見て、このコンツェルンに将来性があり、成長の機会が見込めるとしても、素材・原材料からサービスとテクノロジーへという Preussag の転換は絶対に必要なことである[66]」という文言が Preussag における戦略的危機マネジメント（大転換）の意義を明確にしている。

　Preussag の事例はターンアラウンド（Turnaround）という概念によっても説明され得る。それは、「急に舵を切ること（Herumreißen des Steuers）」あるいは「変革を招来する」という意味で用いられている[67]。そして、ターンアラウンド・マネジメント（Turnaround-Management）は「未だ存在を脅かしていない危機を克服することに貢献する[68]」のである。それは潜在的企業危機を克服するための戦略的な新ポジショニング（strategische

Neupositionierung）である。このような意味でのターンアラウンドは、上述の戦略的危機マネジメントに符合しているといえる。

注
1）Brunke, D.：Integrierte Planungs- und Kontrollrechnung in Planungs- und Kontrollsystem des Preussag-Konzerns, in：Hahn, D.：PuK, 4. Aufl., Wiesbaden 1994, S. 1073；Handbuch der deutschen Aktiengesellschaften, 32. Aufl., 1927, Band 1, Teil Ⅲ, S. 1837；Winkler, H.-J.：Preussen als Unternehmer, Berlin 1965, S. 14 ff.
2）Stier, B. und Laufer, J.：Einleitung, in：Stier, B. und Laufer, J.（Hrsg.）：Von der Preussag zu TUI, Essen 2005, S. 15.
3）Handbuch der deutschen Aktiengesellschaften, 34. Aufl., 1929, Band 1, Teil Ⅲ, S. 1860. Vgl. auch http：//berufsstart.de/unternehmen/tui/firmengeschichte.php
4）ドイツにおける民営化、Preussag の民営化については、岡田昌也『私有化政策の展開』千倉書房、1993 年を参照。
5）http：//tuigroup.com/de-de/ueber-uns/tui-group-im-ueberblick
6）Vgl. Vahs, D./Weiand, J.：Workbook Change Managfement, 2. Aufl., Stuttgart 2013, S. 1.
7）o. V.：Preussag und Tui, Die Welt vom 3. 8. 2004；Schuldt, S.：Die Marktmacht von TUI im Deutschland und Europa, Oldenburg 2009, S. 75.
8）深山 明「危機マネジメントとコントローリング」『商学論究』第 62 巻第 4 号、2015 年、8 ページ以下。
9）Preussag の変身を取り上げた研究としては、次のような文献がある。
Brauckmann, C.：Restrukturierung und Vertragskosten, Wiesbaden 2001；Stier, B./Laufer, J.（Hrsg.）：Von der Preussag zur TUI, Essen 2005；Reichel, O.：Strategische Neupositionierung von Unternehmungen, Köln 2005；Dittmann, I., Maug, E. and Schneider, C.：How Preussag Became TUI, Financial Management, Volume 33 Issue 3, 2008, pp. 571-598；Schneider, C.：Essays on Empirical Corporate Governance, Diss., Manheim 2009；Schigulski, B. Die strategische Umstrukturierung einer Aktiengesellschaft, Berlin 2010.
10）深山 明「企業危機とコントローリング」『商学論究』第 60 巻第 1・2 号、2012 年 12 月、4 ページ、深山 明「危機マネジメントとコントローリング」3 ページを参照。

11) 深山 明、前掲稿、11 ページ以下を参照。
12) Böckenförde, B.：Unternehmenssanierung, 2. Aufl., Stuttgart 1966, S. 7.；Krystek, U.：Die Rolle des Controllings in der Restrukturieung und Sanierung, in：Evertz, D./Krystek, U.（Hrsg.）：Restrukturieung und Sanierung von Unternehmen, Stuttgart 2014, S. 53.
13) スウェン・ホルスト「ドイツのツーリズムの発展と現状」『文藝と思想』第 70 号、2006 年 2 月、39 ページ。
14) Freyer, Walter：Tourismus － Einführung in die Fremsverkehrsökonomie, 11. Aufl., Berlin/München/Boston 2015, S. 1.
15) Freyer, W.：a. a. O., S. 4.
16) Schuldt, S.：a. a. O., S. 2.
17) Freyer, W. a. a. O., S. 17.
18) Freyer, W. a. a. O., S. 275.
19) ECTAA：Table of Statistics － European travel agents and tuor operators, Ref.：AD 16-001/448, 2016, p. 2 ff.
20) Wiborg, S., Wiborg, K. und Kopper, C.：Träume statt Grundstoffe, in：Stier, B./Laufer, J.（Hrsg.）：Von der Preussag zu TUI, Essen 2005, S. 588.
21) フライヤーによる図および説明（Freyer, W.：a. a. O., S. 163.）を修正している。
22) Freyer, W.：a. a. O., S. 275.
23) Freyer, W.：a. a. O., S. 22.
24) Freyer, W.：a. a. O., S. 315.
25) https：//www.neckermann-reisen.de./ueber-neckermann/
26) Wiborg, S., Wiborg, K. und Kopper, C.：a. a. O., S. 588.
27) o. V.：Josef Neckerman, Der Spiegel, 4/1992.
28) Freyer, W.：a. a. O., S. 17.
29) Wiborg, S., Wiborg, K. und Kopper, C.：a. a. O., S. 589.
30) 寺奎一郎「世界最大の旅行会社独 TUI の〈膨張と拡大〉」『エコノミスト』第 86 巻第 64 号、2008 年 11 月 25 日、74 ページ。
31) 有限会社を無限責任社員とする合資会社のことである。
32) Wiborg, S., Wiborg, K. und Kopper, C.：a. a. O., S. 589 ff und 277 ff. また、スウェン・ホルスト。前掲稿、44 ページ以下、今西珠美「欧州旅行業界の構造と発展」『流通科学大学論集－流通・経営編』第 24 巻第 1 号、2011 年、15 ページ以下も参照。
33) Brunke, D.：a. a. O., S. 1073.
34) Reichel, O.：a. a. O., S. 146.

35) 収益を生んでいる事業領域ではすでにマーケットシェアが大きく、これらを拡大しようとすれば、連邦カルテル庁の介入が避けられなかったのである。
36) Wiborg, S., Wiborg, K. und Kopper 2005, S. 594. ちなみに、Salzgitter の取締役会議長であるピーパー (Pieper, E.) もコンツェルンの鉄鋼依存性を減少させたいという考えをもっていた。したがって、Salzgitter にとっても Preussag は理想的なパートナーであったと言える。両コンツェルンの合併の後、取締役会議長には Preussag のメラー (Möller, E.) ではなくピーパーが就任した。
37) Wiborg, S., Wiborg, K. und Kopper, C. : a. a. O., S. 594.
38) Wiborg, S., Wiborg, K. und Kopper, C. : a. a. O., S. 594.
39) Reichel, O. : a. a. O., S. 147.
40) Wiborg, S., Wiborg, K. und Kopper, C. : a. a. O., S. 597.
41) ドイツ第4位の銀行である。
42) Preussag Aktiengesellschaft : Annual Report 1995/96, p. 11.
43) Frenzel, M. : Wandel vom Industriekonglemerat zur Touristikkonzern, in : Lange, T. A. (Hrsg.) : Rechnungslegung, Steuerung und Aufsicht von Banken, Wiesbaden, 2004, S. 315.
44) Frenzel, M. : Einmalige Chance − Interview mit Michael Frenzel von Arno Balzer und Dietmar Student, Managermagazin, 29. Jg. (1999), S. 124.
45) Frenzel, M. : a. a. O., S. 315.
46) Wiborg, S., Wiborg, K. und Kopper, C. : a. a. O., S. 598.
47) Preussag Aktienggesellschaft : Annual Report 1997/98, p. 5.
48) Wiborg, S., Wiborg, K. und Kopper, C. : a. a. O., S. 597.
49) Preussag Aktienggesellschaft : a. a. O., p. 4.
50) Dittmann, I., Maug, E. und Schneider, C. : a. a. O., S. 580.
51) Preussag Aktienggesellschaft : Annual Report 1996/97, p. 2.
52) Wiborg, S., Wiborg, K. und Kopper, C. : a. a. O., S. 598.
53) Dittmann, I., Maug, E. und Schneider, C. : a. a. O., S. 571.
54) Wiborg, S., Wiborg, K. und Kopper, C. : a. a. O., S. 600.
55) Wiborg, S., Wiborg, K. und Kopper, C. : a. a. O., S. 600.
56) Dittmann, I., Maug, E. und Schneider, C. : a. a. O., S. 581.
57) Brauckmann, C. : a. a. O., S. 87.
58) Brauckmann, C. : a. a. O., S. 81.
59) Brauckmann, C. : a. a. O., S. 81.
60) Brauckmann, C. : a. a. O., S. 82.
61) Brauckmann, C. : a. a. O., S. 71.
62) Wiborg, S., Wiborg, K. und Kopper, C. : a. a. O., S. 597.

63) Wiborg, S., Wiborg, K. und Kopper, C.：a. a. O., S. 597.
64) 深山 明、前掲稿、1ページ以下を参照。
65) Preussag Aktienggesellschaft：Annual Report 1995/96, p. 11.
66) Wiborg, S., Wiborg, K. und Kopper：a. a. O., S. 597.
67) Birker, K.：Krisenbewältigung － Sanierung und Gesundung des Unternehmens, in：Birker, K./Pepels, W.（Hrsg.）： Handbuch Krisenbewusstes Management, Berlin 2000, S. 348.
68) Birker, K.：a. a. O., S. 348.

第 II 部

コントローリングをめぐる問題

第4章　企業危機におけるコントローリング

I. 序

　コントローリング（Controlling）のドイツへの導入が図られたのは 1950 年代のことである。爾来約 60 年が経過した。その間にコントローリングの実践的および理論的な定着が目指され、今日に至っている。しかし、あまりにも実践への適用を急いだため、そのことばかりに眼が向けられ、基礎的な概念研究などが脆弱であることは否めないことである[1]。かかる事情が、コントローリング研究の現状を招来したとも言える。コントローリングの本格的な理論研究は緒に就いたばかりであると言わざるを得ないのである。しかしながら、現在では多くのドイツ企業においてコントローリングが実践されるようになっており、そのことと軌を一にして、多様な研究書や教科書が明らかにされている。また、コントローリングの国際グループ（International Group of Controlling, IGC）、そして、コントローリングの担い手たるコントローラー（Controller）の団体として国際コントローラー協会（Internationaler Controller Verein, ICV）などが活動している。

　他方では、経済危機の深化とともに企業危機（Unternemenskrise）なる現象が顕在化するようになり、1990 年代頃から企業危機や企業危機を回避・克服するためのマネジメントである危機マネジメント（Krisenmanagement）が理論的にも実践的にもきわめて重要な問題となっている。そのことを背景として、企業危機や危機マネジメントに関する多くの研究が明らかにされるようになった。

危機マネジメントが遂行される際にコントローリングが重要な役割を果たす。後述のように、コントローリングとは直接的および間接的な価値創造過程（Wertschöpfungsprozess）において企業管理またはマネジメントを支援する仕組みのことである[2]。それを担う主体がコントローラーである。このような仕組みを通じて、コントローラーは企業管理者と協働するのである。そのことによってマネジメントの質は高められる。このような協働は危機マネジメントにおいても看過されてはならないのである。近年、クリューシュテーク（Krystek, U.）らによって危機マネジメントとコントローリングに関する研究が行われている[3]。これらの研究に触発されて、本章においてはこの問題に取り組み、それをコントローリングについて考察するための端緒とすることにしたい。

II．企業危機、企業管理およびコントローリング

1．企業危機と企業管理

　企業危機は両面価値的な現象である。それは企業危機プロセスを1つの総体として考えた時に指摘されたことである。その意味において、企業危機は危険と機会を併せもつ現象として把握されたのである。しかし、同様のことは、企業危機の各局面においても考えられ得る。すなわち、第1章において企業危機プロセスの第5局面を除く4つの局面に関して4つの転換点が指摘されたが、それぞれの転換点が危険と機会の分かれ目を表している[4]。
　第1の転換点では戦略的な危機マネジメントが問題となるが、それがうまく機能すれば、企業危機の発生を回避することができる。そのような危機マネジメントに失敗するならば、企業は危機に見舞われることとなる。次に、第2の転換点においては、危機マネジメントに成功すれば、企業危機の顕在化は阻止され、すでに潜伏的に生起している企業危機は克服され得るのである。しかし、危機マネジメントが不首尾に終われば、企業危機が顕在化することになり、成果危機および流動性危機として特色づけられる第3局面が到来する。しかしながら、事態はなお自力による支配が可能であり、存続可能

性は残されている。さらに、第 3 の転換点で、緊急方策（Sofortmaßnahme）を中心とする企業再生マネジメント（Sanierungsmanagement）が実施され、それらが功を奏すると、企業危機は克服され、倒産という事態は免れることができる。しかし、この局面で有効な危機マネジメント（企業再生マネジメント）が実行され得ないならば、倒産という第 4 局面を迎えることになり、自力による企業危機の克服はもはや不可能である。それゆえ、裁判手続の枠内で企業存続の可能性が追求されるのである。この第 4 局面と第 5 局面の境目においても転換点すなわち第 4 の転換点が存在するが、前述のように、それは倒産の危機マネジメントの問題であり、ここでの課題の範疇の中にはない。

　これらの転換点は、それぞれ意思決定状況を表し、その後の展開可能性は極端に両面価値的である。そこでの意思決定と方策実行が、あらゆる意味での生死の分かれ目となっているのである。

　企業危機の回避および克服に関して、企業管理が大きな役割を果たす。もとより自明のことであるが、企業管理によって企業の運命が規定される。企業管理の失敗が企業危機を招来するからである。上述のように、1930 年代以来、多くの論者が企業管理の失敗（Führungsfehler）を最も重要な企業危機の原因とみなしている[5]。また、今日における各種の調査研究においても同様のことが明らかにされている。企業管理は企業危機プロセスにおいて決定的に重要な役割を果たしているのである。

2. コントローリングとコントローラー

　コントローリングという思想および制度がドイツ企業に採り入れられてから久しい[6]。しかしながら、「コントローリングの概念に関して、文献においては統一的な定義は存在しない[7]」というのが実情であって、さまざまな見解が見られるのである。まさに百人百説的状況が出現しているかのように思える。このことに関して、ホルヴァート（Horváth, P.）は、「多くの論者は方法論的な用具を備えずにコントローリングの概念や構想に取り組んでいるので、幾多の方法論的に不十分で、矛盾のある、読者を混乱させるようなコントローリング概念やコントローリング構想が主張されているのである。

コントローリングが流行した結果、ほとんどすべての経営的機能、経営的方法および経営的組織構造が《コントローリング》という語と結びつけられ、そのことがコントローリングの問題設定を希釈してしまった[8]」と辛辣な発言をしている。かかる状況を解消するための努力が続けられているが、そのために好んで選択される1つの道が経験的・機能的考察である。多くの論者が実践の後追いをし、さまざまな主体（個人または団体）によって各種の調査研究が行われているのである。

　いま、ホルヴァートによるコントローリングの機能的な説明を尊重しながら、コントローリングを定義すると次のようになる。すなわち、コントローリングとは、直接的および間接的な価値創造過程に関する企業管理またはマネジメントを成果志向的に支援する仕組みのことである。この仕組みの中心にはコントローラーが位置づけられる。そして、コントローリングは、システムとしての企業管理またはマネジメントのサブシステムであり、コントローラーを中心として重要な役割を果たすのである。なお、コントローラーの果たすべき役割に関しては、コントローリングの国際グループの範例において明確にされている「コントローラーは、目標発見、計画策定および指揮というマネジメント・プロセスを形成し、マネージャーとともにそれを遂行し、そのことによって目標達成に対する共同責任を負う[9]」という記述が有名である。

　コントローリングという仕組みによって、マネージャーとコントローラーは協働する。この点、クリューシュテークは、「それ（＝マネジメント機能－引用者）は、マネージャーとコントローラーの密接な協働によって果たされる。このことに関しては、制度としてのコントローリング（＝コントローラー・シップ）がマネジメントに対する特別の支援機能を引き受ける[10]」と述べている。

　このようなマネージャーとコントローラーの協働については、IGCは次のような図によって説明している。

　マネージャーとコントローラーはチームを形成し、職分と役割を分担している。第1図において、2つの集合の交わりの部分すなわち積集合（Schnittmenge）の部分に仕組みとしてのコントローリングが存在することに

第4章 企業危機におけるコントローリング

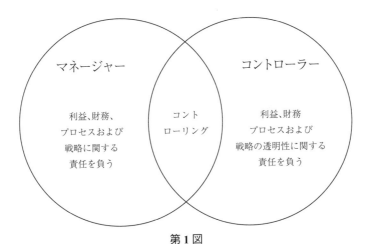

第1図
出所 http://www.controllerverein.com/Was-ist-Controlling-.50.html

なるのである。

　コントローラーが支援機能を十分に果たせないなら、企業管理は失敗する。その意味において、「マネージャーとコントローラーは互いに連結されており、運命共同体にある[11]」のである。

　以上のような事情を勘案して、クリューシュテークは危機マネジメントの失敗をコントローリングの失敗に還元し、そのことにおいてコントローリングの両面価値的な現象を見出している[12]。その際、企業危機におけるコントローリングの建設的側面（konstruktiver Aspekt）と破壊的側面（destruktiver Aspekt）が区別される。前者は成功要因としてのコントローリングを特色づけ、後者は失敗要因としてのコントローリングを表現している。すなわち、コントローラーを中心とするコントローリングが十分に機能を発揮し、企業管理の支援を行うことができれば、企業危機は回避・克服され得るのである。それに対して、コントローリングが不適切である場合や機能不全に陥っている場合には、企業危機は深化するのである。ただ、クリューシュテークは、コントローリングの失敗が企業危機を招来するものとみなして、これが企業危機の発生原因であることを何度も強調している。しかしながら、そのことは企業危機が未だ生起していない第1局面に関してのみ妥当性をもつも

のである。第2局面以降においてはすでに企業危機は発生しているのであるから、これらの局面におけるコントローリングの失敗が新たな企業危機の発生原因になることは考えられない。この点、クリューシュテークは論理矛盾を起こしているのであるが、彼の問題意識を尊重することが必要である。

　要するに、企業危機における成功要因としてのコントローリングは企業危機の回避（第1局面）と克服（第2局面、第3局面）に寄与し、失敗要因としてのコントローリングは企業危機の顕在化（第2局面）と深化（第3局面、第4局面）を招くのである。コントローリングは企業危機プロセスの各局面においてきわめて両面価値的な性格をもつものと言うことができる。

　これまで述べてきた企業危機のプロセス、企業管理およびコントローリングの関係を総合的に図示すると、第2図のようになる。この図は、かつて別の機会において描いた図[13]を簡略化し、さらに、コントローリングに関する部分を付け加えたものである。なお、第2図において、支援①は通常の企業管理の支援（後述）を表す。支援②および支援③は危機マネジメントの支援を意味するが、後述のように、それらは、それぞれ戦略的コントローリング（strstegisches Controlling）と戦術的コントローリング（operatives Controlling）

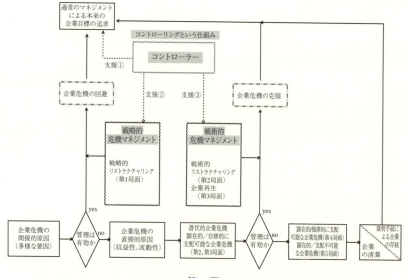

第2図

を意味している。

Ⅲ. 危機マネジメントとコントローリング

1. コントローリングの類型

　コントローリングの類型としては、戦略的コントローリング、戦術的コントローリングおよびプロジェクトコントローリング（Projektcontrolling）が知られている[14]。

　戦略的コントローリングは戦略的管理を支援する。この場合の典型的な成果要因（Erfolgsgröße）は「成果獲得ポテンシャル」であり、コントローリングの役割は戦略的意思決定の準備、指揮および戦略的統制である。また、戦術的コントローリングは戦術的管理を支援し、戦術的な計画策定ならびにその統制が主たる役割である。その際の本質的な基礎は原価計算と給付計算（Kosten- und Leistungsrechnug）であり、典型的な成果要因は「利益」と「流動性」である。さらに、プロジェクトコントローリングは複雑で時間的に限定された多機能な行動として把握されるが、それは1回限りで不定期的な性格をもつものである。

　コントローリングは本来的には戦術的なものであった。また、コントローラーも「豆を数える人（Erbsenzähler, bean counter）」と称されたこともあった。ところが、戦略的管理の重要性が大きくなってきたことから、それを支援するコントローリングも戦略的な性格をもつことが必要になってきたのである。また、さまざまな場面でプロジェクトマネジメントが要求されるようになり、プロジェクトコントローリングが多用されることになった。コントローリングの3類型に関して、クリューシュテークは、「近代的で包括的なコントローリング構想は、この3つの要素（＝コントローリングの3類型－引用者）を自由に利用し、そのことによって最大限の管理支援を実現する」と述べて、3類型の関係を第3図のように示している。

84　第Ⅱ部　コントローリングをめぐる問題

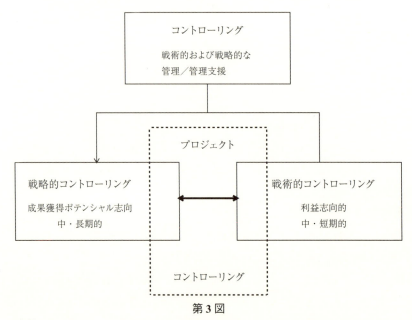

第 3 図

出所　Krystek, U.: Die Rolle des Controllings in Restrukturierung und Sanierung, S. 46.

　企業再生マネジメントの範囲内のコントローリングに関して考えると、本来的な戦術的コントローリングが依然として中心であるが、第 3 局面においてはプロジェクトコントローリングが多く見られる。また、危機マネジメントということでは、戦略的なものが重視されるようになってきたので、戦略的コントローリングの必要性が高まっている。

2. コントローラーの職務

　コントローリングの果たすべき役割は時間の経過とともに多様化し、管理支援の範囲が著しく広がっている。その事情をヴェーバー（Weber, J.）とシェッファー（Schäffer, U.）は第 4 図のように表している。
　このようなコントローリングの役割の量的拡大と質的高次化に照応して、コントローラーに期待される職分も多様なものとなっているのである。コントローラーの役割として、テッファー（Töpfer, A.）は、企業活動の厳密な

第4章　企業危機におけるコントローリング

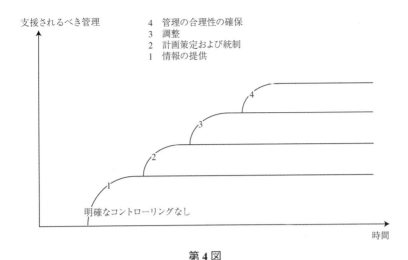

第4図

出所　Weber, J. und Schäffer, u.：Einführung in das Controlling, 12. Aufl., Stuttgart 2008, S. 26.

統制者、経営経済的な航空管制官、マネージャーの純朴な良心およびスパーリングパートナーあるいはマネージャーのコーチなどを考えている[15]。もとより、コントローラーは情報の提供者あるいは統制者としての性格をもっていたが、コントローリングの重要性が高まるにつれてコントローラーの存在感も大きくなり、今ではマネージャーの欠くべからざるパートナーとなった。コントローラーは企業において揺るぎない地位を得ているのである[16]。

　すでに明らかなように、危機マネジメント（企業再生マネジメント）の重要性が高まってきている。そのことによって、マネージャーは二重の役割（Doppelrolle）を担わされることになる。すなわち、通常のマネジメントと危機マネジメント（企業再生マネジメント）を同時並行的に遂行しなければならなくなるからである。したがって、管理を支援するコントローリングの中核に位置するコントローラーも、日常業務としての管理支援（情報提供、調整など）に加えて、危機マネジメント（企業再生マネジメント）を支援しなければならないのである。すなわち、第2図における支援①（通常のマネジメントの支援）だけではなく支援②と支援③（危機マネジメントの支援）

を同時に遂行しなければならないのである。このことをクリューシュテークは、それによって異常な職分設定が行われ、過大な要求がなされるものとみなしている[17]。それは、「企業再生プロジェクトが全マネジメントの関心と資源を魔法のように惹きつける[18]」からであり、時として、「日常業務は知覚された問題設定の背後に追いやられて影が薄くなる[19]」こともあり、企業にとって不都合な結果が生じることがある。

　ヴェーバーとツープラー（Zubler, S.）は、「経済的に悪い時期はコントローラーにとってよい時期であると言えよう。危機の時期における不確実性の克服に際して、マネージャーの支援はコントローラーの中核的職分領域に属し、自らの影響を強める可能性をもたらすのである[20]」と述べて、経済危機したがって企業危機が顕著な状況下においてコントローラーの重要性が際立つことを強調している。しかしながら、「経済・金融危機はコントローラーのすべての職分領域に影響を及ぼし、とりわけ計画策定において深い痕跡を残した[21]」のである。このことは、コントローラーにとっては労働負担の増加を意味する。すなわち、経済危機によって大きな影響を受けなかった企業においてさえ、コントローラーの半数が過剰労働を余儀なくされ、危機の影響を強く受けた企業においては、コントローラーの約1/3が20％以上の労働負担の増加を甘受しなければならなかったのである[22]。

　もちろん、金融・経済危機の影響を強く受けた企業のすべてが企業危機に見舞われたわけではない。しかし、ヴェーバーらの指摘は危機マネジメントを支援するコントローラーに関しても妥当するものとみなすことができる。企業危機においてコントローリングならびにコントローラーがますます不可欠の存在になっているのである。

　ちなみに、企業危機のプロセスとの関連で、遂行されるべきコントローリング活動を列挙すると、概略次のとおりである[23]。

　第1局面　シナリオによる潜在的企業危機の探索と記述
　　　　　　代替計画（コンティンジェンシー計画）の導出
　　　　　　経営継続マネジメントの枠内での業務プロセスの確保

第2局面　戦略的および戦術的早期認識／早期警戒システムの構築／運用

第3局面　企業再生計画の策定、遂行および統制
　　　　　流動性志向的な計画策定と統制

　このようなコントローリング活動の他に通常の管理支援が行われなければならず、コントローリングならびにコントローラーに対する期待と負担増加は大きいと言える。

Ⅳ. 危機マネジメントとしてのリストラクチャリングと企業再生

　リストラクチャリングと企業再生はいずれも危機マネジメントの一環として実施される方策である。それらは環境条件に対する企業の先取的な適応必要性、すでに行われた方策の不十分な適応に基づいて、企業危機という「特殊な機会（Sonderanlass）[24]」ないしは「例外的状況（Ausnahmensituation）[25]」において実施することを迫られる方策であると言える。
　リストラクチャリングと企業再生は同一視されることもあるし[26]、両者の共通性が強調されることもある[27]。一般にこれらの方策が概念的に峻別されていないというのが現状である[28]。しかしながら、本章においては、企業危機回避のための戦略的危機マネジメントと企業危機克服のための戦術的危機マネジメントの内容を際立たせることの必要性から、リストラクチャリングと企業再生を異なる目的を有する方策として説明することにする。
　リストラクチャリングは、一般的には、企業の環境条件の変化を考慮に入れて事業の再構築を行うことであると解されており、資源の選択と集中による事業の拡大、事業の縮小、市場からの撤退などが実施される。かかるリストラクチャリングに関してモルデンハウアーは戦略的リストラクチャリング（strategische Restrukturierung）と戦術的リストラクチャリング（operative Restrukturierung）を概念的に区別し、後者を古典的リストラクチャリング（klassische Restrkuturiering）と見なしている[29]。彼は戦略的リストラクチャ

リングを戦略危機に、戦術的リストラクチャリングを成果危機および流動性危機に関連づけている。その際、いずれもが企業危機克服のための方策として説明されているのである。彼の叙述にあっては、企業危機の回避と克服が同一視され、また、企業危機の第2局面と第3局面が同列に取り扱われているのである。このような不明朗な言明は批判されなければならない。いま少し厳密な叙述が必要である。しかしながら、彼の戦略的リストラクチャリングの説明は有用であるので、以下において略述しておきたい。

　戦略的リストラクチャリングがその目的とすることは、企業危機の予防[30]と業績の改善である。そして、それは、投下資本の利回りに焦点を合わせること、経営利益およびキャッシュフローを志向させられること、全体的な利害のマネジメントが重視されること等を特色とする。そして、この場合は時間的圧迫が小さい。したがって、企業管理者には十分な時間が与えられるのである。それに対して、戦術的リストラクチャリングの場合は、危機の回避はもはや意味をもたず、それゆえに、戦術的な方策が企図されるのである。これに関して、モルデンハウアーは次のように示している。すなわち、戦術的リストラクチャリングの場合、企業の存在確保ということがすべての基礎となる。そして、短期的な損益効果や流動性効果が志向され、部分的な利害（融資者、出資者など）のマネジメントが重視される。この場合は、時間的圧迫は大きく、方策を実施するために利用可能な時間は逼迫しているのである。

　モルデンハウアーの説明では、古典的リストラクチャリングが企業危機の第2局面と第3局面の両方に関係づけられている。もっとも、第3局面に重点が置かれているようにも見えるが、リストラクチャリングと企業再生の対象領域がオーバーラップすることになり、両概念の区別が困難である。本章においては、リストラクチャリングには戦略的なものと戦術的なものがあることを確認し、モルデンハウアーのいう戦略的リストラクチャリングに注目することにする。

　第1章において述べたように、企業再生を意味するドイツ語のSanierungは、ラテン語のsanaeに由来する概念であり、それは「病気を治す、または、健康にする」という意味をもつ[31]。したがって、企業再生の大前提は

「すでに病気に罹っている」ということであって、企業再生には罹病を回避するあるいは予防するという意味は本来的にないのである。現代のドイツ語においても意味するところは変わりない。それゆえ、企業再生は、リストラクチャリングとは異なり、もっぱら反応的な危機マネジメントの範疇に入れられるのである。それはすでに顕在化した企業危機に対処するための方策であって、すぐれて戦術的な性格をもつのである。

モルデンハウアーの言う古典的なリストラクチャリングは、上述の意味での企業再生とその対象領域が重なる。このことが混乱と誤解を生ぜしめている。それゆえ、かかる混乱を避け、理解を深化させるために、概念を整理し、あらためて企業危機の局面および危機マネジメントの類型との関連を明らかにする。

リストラクチャリングには、戦略的なものと戦術的なものを考えることができる。戦略的リストラクチャリングは潜在的な企業危機（第1局面）に関して実視される方策で、それは内容的には戦略企業危機に対処せんとするものである。この方策が実施される場合は、時間がそれほど逼迫していないことが多く、もっぱら成果獲得ポテンシャルの新たな構築と育成、既存の成果獲得ポテンシャルの維持と拡大ということが中心となる。したがって、それらに基づく企業危機そのものの回避が目的とされるのである。

それに対して、戦術的リストラクチャリングは潜伏的企業危機（第2局面）における方策である。その目的は、すでに発生している潜伏的な危機を克服し、それが企業危機として顕在化することを阻止することである。したがって、戦術的リストラクチャリングは戦術的危機マネジメント1つの類型である予防的危機マネジメントの範疇に入れられ得る。

要するに、企業危機そのものの回避を目指す戦略的リストラクチャリングと潜伏的な企業危機の克服＝企業危機の顕在化の回避を目的とする戦術的リストラクチャリングは、いずれも何らかの事象が発現することを回避・阻止することに関わるのである。したがって、それらは能動的危機マネジメントの具体的な現れとして把握することができる。このことのゆえに、企業危機の第3局面はリストラクチャリングの対象から除外されることになるのである。

すでに述べたように、企業再生には戦略的な意味はなく、企業再生という名の下に行われた方策はすべて戦術的であると考えられる。それらは、すでに顕在化しているが、なお自律的に克服可能な企業危機（第3局面）に対処するためのものである。それらは時間的圧迫が大きいという状況の中で行われる方策であるから、きわめて短期的な性格を有するものである。狭義の企業再生がもっぱら財務経済的方策と見なされるのもかかる意味においてである[32]。そして、たとえ企業再生が広義の意味で捉えられる場合でも、それは、「法律的に自立している経済単位としての企業を存続させようとする、そして、存在を脅かすポテンシャルを除去する意志[33]」が支配的であることに変わりがない。したがって、すべての資源および能力が企業の存在確保のために動員されるのである。モルデンハウアーの言う古典的なリストラクチャリングの対象領域は、そのほとんどが企業再生のそれと重なっている。そして、それが企業危機の第3局面であることは彼自身が認めているところである。

ベルガウアー（Bergauer, A.）が指摘するように[34]、危機マネジメントの本来的な特質が第3局面において明白となるものとすれば、戦略的な性格をもたない企業再生こそが危機マネジメントの内容をよく表すということになる。それは、債務超過と支払い不能という危険に直面している企業を再生させるためのマネジメントである。

以上において述べてきたことを整理すると第5図のようになる。

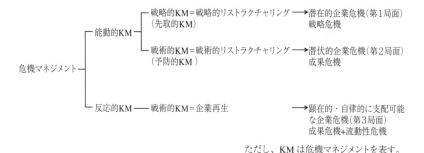

第5図

V. 企業危機と戦略的コントローリング

1. 戦略的企業管理とコントローリング

　前述のように、コントローリングとはコントローラーを中心として企業管理を支援する仕組みのことである。このことの中にコントローリングの本質が見られるのである。機能として考えると、コントローリングは企業管理の補助機能を担い、その意味において、それは企業管理システムの一部と目される。そして、コントローリングによる企業管理の支援は、マネジメントプロセスのすべての局面すなわち意思形成（Willensbildung）と意思遂行（Willensdurchführung）のすべてのプロセスに関係するのである[35]。

　かかるコントローリングの果たすべき役割を具体的に担うのがコントローラーである。したがって、「コントローラーは、管理者という意味における人間として、コントローリングの担い手である[36]」ということになる。すなわち、制度としてのコントローリング（＝コントローラーシップ）が企業管理に対する支援機能を引き受けるのである[37]。

　企業管理支援の具体的な在り方として、従来からさまざまな役割あるいは目的が多くの論者によって提示されている。その結果、計算制度志向的コントローリング、情報志向的コントローリング、調整志向的コントローリング、合理性確保志向的コントローリングなどが主張されることとなった。それらは、技術論的構想（Konzeption）に基づくコントローリングの諸類型と見なされるのであって、コントローリングの本質を説明するものではないのである[38]。このことに関して、バウム（Baum, H.-G.）等は、「この何10年かの間にドイツ語圏で展開されたさまざまなコントローリング技術論的構想は、基本的にいかなることを目指すかということによって異なるのである[39]」と述べ、さらに、「技術論的構想は本源的にコントローリングの機能によって異なるのである[40]」と明言している。ドイツでは珍しい適切な指摘であると言えよう。

　ディレループ（Dillerup, R.）とシュトーイ（Stoi, R.）は企業管理支援に関して説明している。それは概略次のとおりである。すなわち、個々の職分に

おいて、あるいは、機能およびレベル間の調整に際して、企業管理を支援する特別の経営制度（Institution）が重要である。それは、専門的知識をもつサービス提供者（Dienstleister）として複雑な職分の遂行に際して企業管理を支援するのである。そのことは独自の管理職能を意味するものではない。彼らによる支援機能は、企業を、たとえば、品質（Qualität）、市場（Markt）あるいは経済性（Wirtschaftlichkeit）といった特定の目標へと方向付けるのである。このような意味において、コントローリングは経済的目標の達成と意思決定透明性（Entscheidungstransparenz）の実現のために企業管理を支援するのである[41]。

　企業の環境条件における不連続で大規模な動態変化や不確実性の高まりに基づく企業内外における複雑性の増加などの要因に規定されて、戦略的企業管理の必要性が指摘されるようになって久しい。経済科学（Wirtschaftswissenschaft）においても戦略的計画策定およびそれに基づく企業コントロールの問題に取り組まれてきた。

　戦略的企業管理の戦略的企業管理たる所以はいかなることに求められ得るか。戦略的企業管理と戦術的企業管理を峻別するための試金石となるのは管理における「成果獲得ポテンシャル」の意義の相違である[42]。

　戦略的企業管理は、現在の成果獲得ポテンシャルの維持・拡大および新たな成果獲得ポテンシャルの構築を目指すマネジメントである。そのことによって、企業の持続的な存在が確保され、競争優位が獲得されるのである。かかる目標の達成度を表現する行動基準（Handlungsmaxime）は効果性（Effektivität）である。それは、「適切なことを行う（richtige Dinge zu tun；Doing the right things）」ということを表す。それに対して、戦術的企業管理は、すでに存在している成果獲得ポテンシャルの最適な利用を目指すものである。したがって、この場合の行動基準は能率（Effizienz）であり、それは、「物事を適切に行う（die Dinge richtig zu tun；Doing the things right）」ということである。

　以上のことから明らかなように、「成果獲得ポテンシャルの構築・維持・拡大」を目的とするマネジメントと「成果獲得ポテンシャルの利用」を志向するマネジメントが区別され得るのである。この点、ホルヴァート

(Horváth, P.) は、行動基準の表現を少し変えて、2つの問題として提示している[43]。それは「われわれは適切なことを行うか（Tun wir die richtigen Dinge?）」と「われわれは物事を適切に行うか（Tun wir die Dinge richtig?）」という問題である。彼は、前者を戦略的思考（strategisches Denken）、後者を戦術的思考（operatives Denken）と称している。

2. 戦略的企業管理と戦略的コントローリング

　すでに述べたように企業管理はコントローリングによって支援される。そして、戦略的企業管理の重要性が高まっている。そのような文脈の中で考えると、コントローリングが戦略的な性格を強めざるを得ないということは必然である。すなわち、戦略的企業管理が自らの役割を全うするためには、戦略的コントローリングによる支援を受けなければならないからである。クリューシュテークとライマー（Reimer, M.）も「戦略的コントローリングの基本的な問題設定は、戦略的マネジメントの必要性に対する一般的認識に基づいている[44]」と述べている。戦略的企業管理が戦略的コントローリングを生じさせるのである。

　かかることに鑑みて、アルター（Alter, R.）は、「戦略的コントローリングは、企業管理というコンテキストにおける1つの特殊なコンセプトである。そのことについて言えば、この支援対象は、企業管理一般ではなくて戦略的管理なのである[45]」と述べて、それらの関係を第6図のように示している。

　この図からも理解され得るように、戦略的コントローリングはそれだけを孤立的に考えてはならず、コントローリングの基本構想に基づいて考察されなければならないのである。

　戦略的コントローリングの生成はいわば必然の要請に基づくものであるが、コントローリングは本来的に戦術的なものであった[46]。また、その担い手であるコントローラーも戦術的な性格を有していた。ホルヴァートも、「古典的なコントローラーは戦術志向的であった。彼は単年および複数年の予算編成の枠内での成果目標に関わっていたのである[47]」と述べている。このような戦術的コントローリングには長い歴史があり、それゆえに、それの

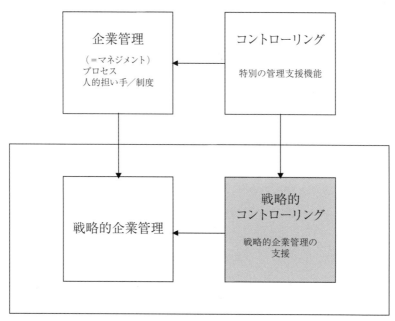

第 6 図

出所　Alter, R. : a. a. O., S. 4.

役割や手段に関しては多くの議論や研究の蓄積がある。しかるに、戦略的コントローリングは、その重要性が増しているとは言うものの、しばしば、それは「日陰の身（Schattendasein）[48]」であった。これに光を当てるようになったのが1980年代頃からの潮流である。

　戦略的コントローリングの特徴に関しては、多くの論者がそれぞれの必要に応じて言及しているが、それは戦略的企業管理の特質に規定されている[49]。コントローリングの2つの類型の特質に関して、バウム等は第1表のように纏めている。

　第1表から、戦略的コントローリングと戦術的コントローリングの特質の相違は一目瞭然である。すべてのことは目標要因の相違に還元され得るのである。すなわち、成果獲得ポテンシャルの構築・維持・拡大のためのコントローリングと成果獲得ポテンシャルの利用のためのコントローリングという

第4章　企業危機におけるコントローリング　　95

第1表

メルクマール	戦術的コントローリング	戦略的コントローリング
目標要因	・利益 ・流動性	・持続性、存在確保 　成果獲得ポテンシャル 　企業価値
サブシステム	・年次決算／原価・給付計算 ・財務計算および資金調達計算	・企業環境 ・企業
時間的範囲	現在、近い将来	近い将来、遠い将来
問題設定	物事を適切に行う	適切なことを行う
主たる方向付け	本源的に企業内部	企業内部および企業外部
枠組み条件	安定的な環境	環境の複雑性、ダイナミクス、非連続性
情報の確実性	十分に確実な情報	不確実性
情報の種類	数量／貨幣額	大部分は質的
役割の種類	型どおりの役割	革新的な役割

出所　Baum, H.-G./Coenenberg, A. G./Günter, T. : a. a. O., S. 14.

ことがすべてを物語っている。サブシステム以下の行については、それですべてを説明することができるのである。これ以上の説明は不要であろう。

　さらに、彼らはコントローリングシステムとコントローリングのサブシステムの関係を第7図のように示している。

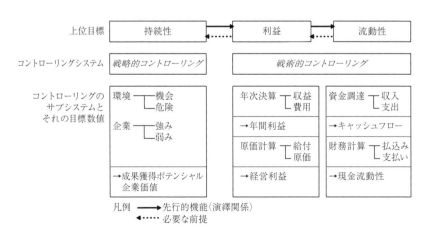

第7図

出所　Baum, H.-G/Coenenberg, A. G./Günther, T. : a. a. O., S. 11.

第7図は、戦略的コントローリングと戦術的コントローリングの関連をそれぞれのサブシステムに関わらしめて明らかにしている。

上位目標としては、①企業存在の持続的確保（長期的な戦略的目標）、②利益および③流動性（短期的な企業目標）が考えられている[50]。

戦略的コントローリングは企業の持続的存在確保という目標の達成に貢献する。それは、企業環境の変動および企業内部における変化に長期的に適応し得るように企業を形成することを意味している。上述のように、この可能性のことをゲルヴァイラーは成果獲得ポテンシャルと称したのである。企業戦略の問題がそうであるように、戦略的コントローリングの場合においても企業の外部と内部に眼が向けられる必要がある。これに関して考慮されるべきなのは、外部的要因としての企業外における機会（Chance）と危険（Risiko）、内部要因としての企業そのものが有する強み（Stärke）と弱み（Schwäche）である。そして、企業の強みと環境における機会の最適な組み合わせが、ゲルヴァイラーのいう成果獲得ポテンシャルである。それは将来におけるすべての価値還流（Rückfluss）を意味し、これを貨幣的に考えると企業価値（Unternehmenswert）ということになる。

企業存在の持続的確保は、その結果として財務的資源と投資をもたらすから、他の2つの上位目標たる利益と流動性が時間的に遅れて実現される。しかも、利益目標は流動性目標よりも時間的に早く充足され得るのである。したがって、持続的な存在確保は利益の、そして、利益は流動性の先行的機能（Vorsteuerungsfunktion）をもつことになる。持続的存在確保→利益→流動性という演繹的な関係があると言うこともできる。また、逆に考えると、流動性は利益の、そして、利益は持続的存在確保の不可欠の前提となっているのである。

戦術的コントローリングは、利益目標および流動性目標の達成に貢献する。利益は、外部計算たる財産計算および損益計算（Bilanz- und Erfolgsrechnung）によって、そして、内部計算としての原価計算および給付計算によって算定される。また、流動性は、資金調達計算（Finanzierungsrechnung）と財務計算（Finanzrechnung）によって明らかにされる。それゆえ、これらの計算システムが戦術的コントローリングのサブシ

ステムとなっているのである。

Ⅵ. リストラクチャリングとコントローリング

1. コントローリングの貢献

クリューシュテークは、リストラクチャリングと企業再生を企業危機の回避と克服のための1つの統合されたプロセスとみなし、かかるプロセスにおけるコントローリングの役割と貢献について明らかにせんとしている[51]。それをシェーマ化したのが第8図である。

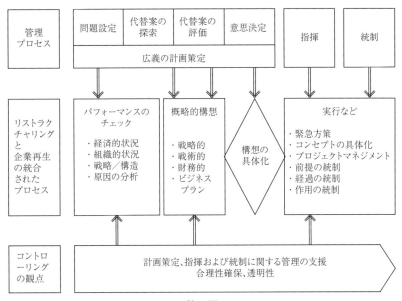

第8図

出所　Krystek, U. : Die Rolle des Controllings in Restrukturierung und Sanierung, S. 53.

上の図において明らかなように、戦略的コントローリングは問題設定および代替案選択というステップにおいて重要な貢献をする。

まず、問題設定のステップにおいては、

①危機原因と問題領域の明確化および範囲の設定、
②初期条件と原因の評価、
③さらなる危機展開の予測、
④危機克服ポテンシャルの限定と評価

が行われる。これらのことは、企業戦略的思考において企業の内外の要因すなわち企業環境要因と企業要因を考慮しなければならないということに照応しているのである。

次に、代替案の探索とそれの評価においては、
①代替案探索に関する協力、
②評価するための手段、たとえば、原価計算、投資計算、企業評価などのための準備、
③目標達成度が最も高い代替案の明確化

などの事項に関して、企業管理の支援を行う。それらに基づいて、概略的な構想（Grobkonzept）が形成される。そして、コントローリングによるビジネスプランの形成が重要である。それは概略的構想に含まれるすべての戦略と戦術を貨幣的に写像したものである。

意思決定という段階では、コントローリングは基本的には企業管理を支援することはできない。コントローリングの担い手であるコントローラーが意思決定の主体ではないからである。ただし、コントローラーがトップマネジメントの一員として何らかの機関の参画者である場合はそうではない。

指揮の段階では、緊急方策に関して、コントローリングの支援は不可欠である。また、企業危機克服のためのプロジェクトマネジメントを支援するプロジェクトコントローリングには際だった意義が認められるのである。

さらに、統制はコントローリングの本来的な主たる役割の1つであり、継続的統制に関してコントローリングの遂行する機能は重要である。

以上のことから明らかなように、企業危機のさまざまな局面において、コントローリングは種々の特殊的な企業管理支援機能を果たす。そのことによって、リストラクチャリングや企業再生を効果的に遂行することが期待されるのである。このようなコントローリングによる企業管理支援は、企業危機の各々の局面によってそれぞれ性格を異にするのであるが、「企業危機の

すべての局面を貫く1つの横断的機能[52]」がある。それが合理性確保機能（Rationalitätssicherungsfunktion）に他ならない。それがことさらに強調されるのは、企業危機に直面している企業管理者が非合理的に行動しがちであるという事実が認められるからである[53]。そして、クリューシュテーク等は、「コントローリングの合理性確保機能は、とくに危機との関連において重要であることが明らかであり、同時に、危機関連的なその他の役割とともにコントローラーおよび彼の行動に大きな要求を為すのである[54]」と述べている。この叙述からも明らかなように、「コントローラーの合理性確保[55]」も求められるのである。それはきわめて当然のことであるが、そのようなことが強調されることは企業管理および企業管理支援においてともすれば非合理的な行動が見られるという事実に裏付けられている。

　企業危機の各局面に具体的なコントローリング活動を関連づけると、次のようになる。

(1) 第1局面

　まず、第1局面における危機マネジメントの目指すところは、潜在的企業危機（戦略危機）の克服すなわち企業危機の回避である。コントローリングはそれを支援する。そのために企業環境と企業それ自体の考えられ得る展開を把握する方法が求められる。

　とりわけ戦略的企業危機の予測と把握のために有用な方法はシナリオ分析あるいはシナリオ技術（Szenariotechnik）である。それは将来のただ1つの展開のみを仮定する方法からの決別を意味する。すなわち、シナリオ技術は、1つの変動幅（Bandbreite）をもつ代替的な将来の展開を前提とし、そのような将来図に向かっての現在からの代替的な展開経路（Entwicklungspfade）を提示する。したがって、その場合、最良のシナリオ（Best Case）と最悪のシナリオ（Worst Case）が措定され、それが変動幅の基礎とされる。さらに、考えられ得る阻害事象（Störereignis）が組み込まれて、さまざまな展開が提示されるのである。

　また、潜在的企業危機に対処するための用具としては、経営継続マネジメント（betriebliches Kontinuitätsmanagement, BKM）が近年において注目され

るようになってきた[56]。それは、本来的には、企業にとって脅威となるさまざまな事態が発生した場合にも事業活動の継続を確保せんとするマネジメントのことである。これを危機マネジメントの範囲内で適用することの意義は、「危機状態おいても企業の経済的成果を維持する[57]」ということにある。このことはリスクの保険と転嫁によっては事態に対処することができないということに基づいている。このように、経営継続マネジメントはコンセプトとしてきわめて戦略的な意義をもつものである。そして、経営継続マネジメントの傘の下にはさまざまな領域がぶら下がっており、それらが協力することによるシナジー効果が期待されている。経営継続マネジメントの枠組みは第9図のように示される。

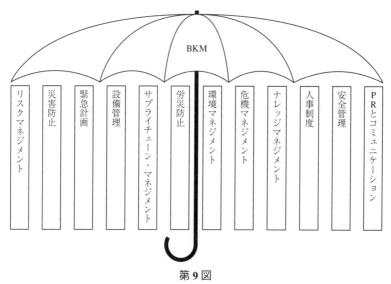

第9図

出所　Krystek, U. und Moldenhauer, R.：a. a. O., S. 91.

　これらの中でも危機マネジメントおよびリスクマネジメント（Risikomanagement）が重要な役割を果たすものと考えられている。
　さらに、代替計画（Alternativplan）が導出される。上述の経営継続マネジメントがきわめて包括的なコンセプトに基づいているのに対して、この代替

計画には企業危機に固有の中核的要因が含まれている[58]。そして、代替計画策定（Alternativplanung）あるいはコンティンジェンシー計画策定（Contingency-Planning）の対象となるのは企業危機を発生させる確率の高い事象ではない。代替計画策定は、最も大きな危機ポテンシャルを伴って起こり得る帰結／展開を前もって考え尽くし、それを計画の上で処理することができるものと考えられている。かかる計画策定は、「Wenn-Dann-Planung」といわれる。それは、「もしも△△△であるならば、☆☆☆のようにしよう」という条件適合的な計画策定である。そのことによって、危険な事態が生起したときには迅速に対応することができ、軽率で誤った行動が回避されるのである。

　第1局面に関して利用される用具として、シナリオ技術、経営継続マネジメントおよび代替計画について述べてきた。これらを貫いているのは「Was-wäre-wenn問題」である。それは、「×××であれば、〇〇〇となるであろう」ということを意味している。

(2) 第2局面および第3局面
　次に、第2局面においては、すでに生起しているが未だ顕在化していない企業危機（潜伏的企業危機、成果危機）が顕在化することを回避するための危機マネジメントが遂行される。それは企業危機克服のための方策であって、それによって企業危機が第3局面に移行するのを阻止することが企図されるのである。そのために講じられる方策は、すでに発生している企業危機を克服せんとするものであり、それは戦術的リストラクチャリングの範疇に含まれる。この方策の場合、何よりも潜伏的企業危機の早期知覚が重要である。そのために、早期認識／早期警戒システム（Früherkennungs- und Früherwarnsystem）の構築と運用が行われなければならないが、そのような役割は、いわば先取的なコントローリングによって決定的に担われるのである。そのような機能の不全がしばしば企業危機を顕在化させている。第2局面でのコントローリングは、他の局面におけるそれとは異なり、その役割をマネジメントに協力するという形ではなく、もっぱら自己責任で果たすのである。

　そして、第3局面においては、すでに顕在化しているが自律的に克服可能

な企業危機を克服するための危機マネジメントが実施されなければならない。それで、多くの場合、企業再生計画の策定、実行および統制がプロジェクトコントローリングの形で行われる。さらに、流動性志向的な計画策定と統制に関して、コントローリングは企業管理を支援する。

ここでの主題は戦略的コントローリングをめぐる問題であるので、第2局面と第3局面にはこれ以上立ち入らない。

2. 企業危機とコントローリングをめぐる若干の問題
(1) クリューシュテーク的問題

クリューシュテークはコントローリングに関する3つの問題を指摘している[59]。第1の問題は、企業危機がそうであるように、コントローリングが両面価値的であるということである。すでに明らかなように、コントローリングは、危機マネジメントの遂行に関して、きわめて重要な企業管理支援機能を果たし、マネジメントに貢献するのである。そのことは、企業管理にとっては不可欠な要因であり、「コントローリングの建設的側面」とみなされる。他方では、コントローリングが欠如している場合やコントローリングが十分に機能していない場合には、企業管理はその機能を果たすことができないのである。それゆえ、企業危機を回避することは言うに及ばず、企業危機を克服することも不可能になり、企業の倒産という事態が不可避である。これは「コントローリングの破壊的側面」と言われる。また、コントローリングの不全による管理の失敗（Führungsfehler）が企業危機の原因となることもある。企業危機が管理の失敗に還元されるということは、これまで指摘されてきたとおりである。

第2の問題は、コントローリングおよびコントローラーが「二重の役割（Doppelrolle）」を遂行することを余儀なくされているということである。企業危機はコントローリングおよびコントローラーにとって例外的な状況であり、異常なタスクを生じさせるのである。すなわち、そのような場合には、企業危機を回避・克服するという目的から、コントローリングおよびコントローラーに対して特別な要求が為されることになる。他方では、コントローリングは通常のマネジメントのために情報提供などの企業管理支援機能を遂

行しなければならないのである。したがって、通常の企業管理支援と危機マネジメントの範囲内での企業管理支援という2つの役割を同時的に果たすことが要求されるのである。このことは企業管理者にとっても同様である。彼も二重の役割を果たさなければならないのである。

さらに、第3の問題が生じている。それはコントローリングに対する要求の変化によってもたらされる。それは企業外のステークホルダーによる要求の増加に基づいている。すなわち、従前とは異なり、企業の外部に対してさまざまな情報を提供することが要求されるようになったのである。よく知られているように、ドイツにおいては、伝統的に外部計算制度（externes Rechnungswesen）と内部計算制度（internes Rechnungswesen）が目的や体系が異なる制度として並立的に存在してきた[60]。それゆえ、外部からの要求の高まりに対応するために、2つの計算制度を融合させる必要性が生じてきているのである。さらに、昨今においては、これまで企業の資金需要に応じていた金融機関が、自らの経営上の理由から、それに十分に応じることができないという事態が発生している。また、「バーゼル3」という規制強化問題もある。したがって、「企業危機に見舞われている企業は必要な流動性を自ら生み出さなければならない[61]」ということが多くなってきている。それゆえ、コントローリングが資金調達に深く関わらざるを得なくなっているのである[62]。

クリューシュテーク等は、第3局面におけるコントローリングの二重の役割を強調している。コントローリングおよびコントローラーの二重の役割は、第1局面および第2局面においてこそ意義が認められる。彼らが二重の役割を果たすことによって、企業危機そのものの発生を回避し、また、潜伏的企業危機の顕在化を阻止することが可能となる。そのことこそが重要なのである。

(2) ヴェーバー的問題

経済危機および企業危機という状況の中で、コントローリングとコントローラーにより大きな意義が与えられるようになっている。このことは、ヴェーバー（Weber, J.）等によってつとに指摘されているところである[63]。

彼らは、「このような大きな不確実性が存在するにもかかわらず、企業において責任ある人は意思決定を行わなければならない[64]」と述べて、企業危機に見舞われている企業における意思決定の重要性を指摘した。そのような場合、コントローラーには通常の場合とは異なる特別の要求が為されるのである。しかして、コントローラーの職分の変化がもたらされ、そのことによってコントローリングおよびコントローラーは企業管理に対してより大きな影響を及ぼすようになっている[65]。それゆえ、コントローリングとコントローラーの存在意義が大きくなっているのである。

　他方では、かかる状況に基づいて、コントローラーの労働負担が増大している。このことは、コントローラーの週あたりの労働時間の著増となって現れている[66]。レーリング（Rehring, J.）等によると、金融・経済危機の深化によって企業危機の深刻化が触発されたが、そのことがコントローラーの職分に大きな変化をもたらし、彼らの労働負担が増加している。しかし、労働負担の強化はメダルの1つの面に過ぎない。すなわち、マネジメントにより緊急のそして即座に利用可能な情報が要求されるようになった結果、コントローラーは、マネジメントの有能なパートナーとして認められ、マネジメントの意思決定により大きな影響力を及ぼし得る可能性を得ているのである[67]。しかしながら、クリューシュテークの第2の問題として明らかなように、コントローリングおよびコントローラーは二重の役割を果たさなければならないのであり、コントローラーがどこまで加重負担に耐えられるかという問題が浮かび上がってくるのである。

Ⅶ. 結

　以上において、危機マネジメントとコントローリングの関係を戦略的コントローリングの問題として把握し、それについて考察を加えてきた。
　危機マネジメントは企業危機に対処するためのマネジメントであるが、企業危機の回避を目指すマネジメントと企業危機克服を目的とするマネジメントが峻別されなければならない。前者が戦略的危機マネジメント、後者が戦

術的危機マネジメントとして特色づけられるのである。

　危機マネジメントの内容がリストラクチャリングの部分と企業再生の部分に分けられることは、すでに述べたとおりである。さらに、リストラクチャリングは第1局面に関わる戦略的リストラクチャリングと第2局面において遂行される戦術的リストラクチャリングから成っている。他方では、企業再生は全面的に戦術的なものであって、戦略的な性格を欠いているのである。したがって、戦略的危機マネジメントの一環として実施されるのは戦略的リストラクチャリングのみであって、戦術的リストラクチャリングと企業再生は戦術的危機マネジメントの範疇に入れられるのである。

　周知のように、一般的に戦略的マネジメントがますます重要になってきている。また、同様に、危機マネジメントも戦略的であることを要求されることが多くなっている。しかして、すべての企業危機が第1局面から始まるとすれば、戦略的危機マネジメントによって企業危機の発生そのものを回避することが要求されるのである。したがって、戦略的危機マネジメントとして実施される戦略的リストラクチャリングの意義が大きくなっているのである。

　企業管理の支援がコントローリングの果たすべき役割である。それゆえ、マネジメントおよび危機マネジメントが戦略的性格をもつことを要求されるということは、それを支援するコントローリングも戦略的にならざるを得ないということである。戦略的コントローリングの生成が必然であると述べたのはこの意味においてである。このような事情から戦略的コントローリングの重要性が高まっているのであるが、それの本格的な研究は緒に就いたばかりである。

　企業は昨今のような不確実で不透明な状況に直面しており、さまざまな意味でコントローリングの必要性が大きくなっている。すなわち、コントローリングが十全に機能しないならば、適切な企業管理を行うことができず、そのことが企業危機の原因となり得るからである。企業危機はコントローリングの合理性欠如の帰結であるとも言える。このことは、クリューシュテークが繰り返し強調しているところである。このように、管理の失敗が企業危機を惹起することについては、多くの論者が指摘しているところである。ま

た、各種の調査結果がそのことを明らかにしている。

　コントローリングに対して為される要求は量的にも質的にも大きく変化してきている。したがって、コントローリングはきわめて多様な役割を果たすことを期待されている。コントローリングやコントローラーがかかる要求に応えようとすればするほど、二重の役割が大きな負担として伸し掛かってくるのである。この問題の解決のためには新たな制度の構築が必要となるかもしれない。かかる問題の重要性は、すでにフレーゲ＝アルトホフ（Fleege-Althoff, F.）によって指摘されていた[68]。それは約80年前のことである。

注
1）このことに関しては、深山 明「コントローリングにおける技術論的構想について」『商学論究』第61巻第4号、2014年、137ページ以下を参照。
2）深山 明「企業危機とコントローリング」『商学論究』第60巻第1・2号、2012年、1ページ以下、深山 明「コントローリングにおける技術論的構想について」144ページを参照。
3）Vgl. hierzu z. B. Krystek, U.: Die Rolle des Controllings in der Restrukturierung und Sanierung, in: Evertz, D./Krystek, U.（Hrsg.）: Restrukturierung und Sanierung von Unternehmen, Stuttgart 2010, S. 41 ff.
4）これに関しては、本書の第1章を参照。
5）Vgl. hierzu Krystek, U. und Moldenhauer, R.: Handbuch Krisen- und Restrukturierungsmanagement, Stuttgart 2007, S. 51.
6）ドイツ企業でコントローリングの職位が形成されたのは1950年代の中頃であった。しかし、それは大部分が在独アメリカ企業の子会社においてであった。ドイツ企業における一般に認められた組織単位としてのコントローリングの出現は1970年代の初めのことであった。そして、それ以降においてコントローリングは理論的にも実践的にも急速に普及した。Vgl. Töpfer, A.: Betriebswirtschaftslehre, 2. Aufl., Berlin Heidelberg New York 2007, S. 1087；Weber, J. und Schäffer, U.: Einführung in das Controlling, 12. Aufl., Stuttgart 2008, S. 7 ff.
7）Jung, H.: Controlling, 3. Aufl., München 2011, S. 4. Vgl. auch Müller, A.: Grundzüge eines ganzheitlichen Controlling, 2. Aufl., München 2009, S. 85.
8）Horváth, P.: Controlling, 7. Aufl., München 1998, S. 70 und S. 74.

第4章　企業危機におけるコントローリング

9) IGC の HP を参照。http://www.igc-controlling.org/DE/_leitbild/leitbild.php
10) Krystek, U.: Die Rolle des Controllings in Restrukuturierung und Sanierung, S. 43.
11) Töpfer, A.: a.a.O., S. 1086.
12) Krystek, U.: a.a.O., S. 42 ff.; Krystek, U., Moldenhauer, R. und Evertz, D.: Controlling in aktuellen Krisenerscheinungen, ZfCM, 53. Jg.（2009）, S. 164 ff.
13) 深山　明『企業危機とマネジメント』森山書店、2010年、194ページ。
14) Krystek, U.: Die Rolle des Controllings in Restrukuturierung und Sanierung, S. 45 ff.; Töpfer, A.: a.a.O., S. 1093 ff.; Krystek, U., Reimer, M.: Strategisches Controlling – strategische Controller, Controlling, 24. Jg（2012）, S. 10 ff.
15) Töpfer, A.: a.a.O., S. 1086. Vgl. hierzu Schäffer, U. und Schürmann, C.: Die Rolle des Controllers – Erbsenzähler oder internen Berater?, ZfCM, 54. Jg.（2010）, S. 189 f.
16) Schäffer, U. und Weber, J.: Controlling in der Krise, ZfCM, 53.Jg.（2009）, S. 145.
17) Krystek, U.: Die Rolle des Controllings in Restrukuturierung und Sanierung, S. 53.
18) Krystek, U.: a.a.O., S. 51.
19) Krystek, U.: a.a.O., S. 51.
20) Weber, J. und Zubler, S.: Controlling in Zeiten der Krise, Weinheim 2010, S. 9.
21) Weber, J. und Zubler, S.: Bewältigung der Finanz- und Wirtschaftskrise in Controlling – Einsichten aus dem WHU-Controllerpanel, ZfCM, Sonderheft 1/2010, S. 7.
22) Weber, J. und Zubler, S.: a.a.O., S. 17.
23) Krystek, U., Moldenhauer, R. und Evertz, D.: Controlling in aktuellen Krisenerscheinungen, S. 165.
24) Böckenförde, B.: a.a.O., S. 6.
25) Krystek, U.: a.a.O., S. 42.
26) Haghani, S./Knecht, T.: Das Restrukturierungskonzept als Navigator in der Unternehmenskrise, in: Brühl, V./Göpfert, B.（Hrsg.）: Unternehmensrestrukturierung, 2. Aufl., Stuttgart 2014, S. 9.
27) Krystek, U.: a.a.O., S. 53.
28) この事情について、かつてベッケンフェルデ（Böckenförde, B.）は次のように解説した（Böckenförde, B.: a.a.O., S. 6.）。企業再生は、「企業経営に失敗し、その結果として倒産の危機に瀕している」という恥のイメージにつき纏われている。それで、企業の実践においては企業再生の代わりにリストラクチャリングやターンアラウンド（Turnaround）という概念が用いられている。なお、リストラクチャリングは主としてスイスで用いられる語で、ターンアラウンドと同義である。これは20年前の事情であって、今日ではリストラクチ

ャリングも企業再生も普通に用いられている。そのことによって混乱が生じているとも言える。

29) Moldenhauer, R. : Strategisches Restrukturierungskonzept, in : Crone, A./Werner, H.（Hrsg.）: Modernes Sanierungamangement, 4. Aufl., München 2014, S. 88.
30) 企業危機の予防という曖昧な表現が使われているが、文脈を考慮すると、これは企業危機の回避と解するべきである。
31) Böckenförde, B. : a. a. O., S. 7 ; Krystek, U. : a. a. O., S. 47.
32) Böckenförde, B. : a. a. O., S. 7. ちなみに、広義の企業再生とは、再生を要する企業の健康を取り戻すためのすべての方策を包括する。
33) Böckenförde, B. : a. a. O., S. 7.
34) Bergauer, A. : Erfolgreiches Krisenmanagement in der Unternehmung, Berlin 2001, S. 11 ; dieselbe : Führen aus der Unternehmungskrise, Berlin 2003, S. 8.
35) Horváth, P. : Strategisches Controlling, Controlling, 20. Jg.（2008）, S. 663. Vgl. auch Alter, R. : a. a. O., S. 14.
36) Krystek, U. und Reimer, M. : Strategisches Controlling – Strategische Controller, Controlling, 24. Jg.（2012）, S. 14.
37) Krystek, U. : Die Rolle des Controllings in Restrukturierung und Sanierung, S. 43.
38) コントローリングの技術論的構想に関しては、深山 明「コントローリングにおける技術論的構想について」『商学論究』第61巻第4号、2014年3月、137ページ以下を参照。Vgl. auch Günther, T. : Conceptualisations of 'Controlling' in German-Speaking Countries : Analysis and Comparison with Anglo-American Management Control Frameworks, Journal of Management Controll, 23（4）, 2013, pp. 269-290.
39) Baum, H.-G./Coenenberg, A. G./Günther, T. : Strategisches Controlling, 5. Aufl., Stuttgart 2013, S. 4.
40) Baum, H.-G./Coenenberg, A. G./Günther, T. : a. a. O., S. 5.
41) Dillerup, R. und Stoi, R. : Unternehmensführung, 4. Aufl., München 2013, S. 53 f. ちなみに、市場の目標に関してはマーケティングによって、品質の目標に関しては品質管理（Qualitätsmanagement）によってそれぞれ支援されるのである。要するに、彼らは、市場、技術および経済を企業管理上の主要な問題と考えるのである。
42) Dillerup, R. und Stoi, R. : a. a. O., S. 41 ; Alter, R. : a. a. O., S. 9. Vgl. auch Fischer, T. M./Möller, K./Schultze, W. : Controlling, Stuttgart 2012, S. 5 ff. ; Ossadnink, W. : a. a. O., S. 281 ; Vanini, S. : Strategisches Controlling, WISU, 38. Jg.（2009）, S. 1329 ff.
43) Horváth, P. : a. a. O., S. 222.

44) Krystek, U. und Reimer, M. : a. a. O., S. 10.
45) Alter, R. : a. a. O., S. 3.
46) Krystek, U. und Reimer, M. : a. a. O., S. 11 ; Krystek, U. : Die Rolle des Controllings in Restrukturierung und Sanierung, S. 45.
47) Horváth, P. : a. a. O., S. 221.
48) Ossadnik, W. Controlling, 3. Aufl., München Wien 2003, S. 279.
49) Baum, H.-G./Coenberg, A. G./Günther, T. : a. a. O., S. 5 ff. ; Alter, R. : a. a. O., S. 9 ff. ; Ossadink, W. : a. a. O., S. 52 ff. und S. 279 ff. ; Horváth, P. : a. a. O., S. 221 ff. ; Fischer, T. M./Möller, K./Schultze, W. : a. a. O., S. 5 ff. ; Dillerup, R. und Stoi, R. : a. a. O., S. 35 ff.
50) Baum, H.-G./Coenberg, A. G./Günther, T. : a. a. O., S. 6 ff.
51) Krystek, U. : a. a. O., S. 53 ff.
52) Krystek, U. / Moldenhauer, R. / Evertz, D. : Controlling in aktuellen Krisenerscheinungen, ZfCM, 53. Jg. (2009), S. 165.
53) Krystek, U. : a. a. O., S. 57. Vgl. auch Kraus, G./Becker-Kolle, C. : Führen in Krisenzeiten, Wiesbaden 2004. S. 50
54) Krystek, U./Moldenhauer, R./Evertz, D. : a. a. O., S. 164.
55) Krystek, U. : a. a. O., S. 58.
56) Krystek, U. und Moldenhauer, R. : a. a. O., S. 90 ff. ; Krystek, U./Moldenhauer, R./ Evertz, D. : a. a. O., S. 164 ff. ; Ralf von Rössing, : Betriebliches Kontinuitätsmanagement, Landsberg 2005 ; Elliot, D., Swartz, E. and Herbane, B. : Business Continuity Management, 2nd edition, New York 2010. これは、アメリカの軍事用語に語源があるが、アングロサクソン国ではBusiness Continuity Management（BCM）といわれている。そして、BCMの範囲内でBusiness Continuity Plan（BCP）が策定される。
57) Krystek, U. und Moldenhauer, R. : a. a. O., S. 90.
58) Krystek, U. und Moldenhauer, R. : a. a. O., S. 94.
59) Krystek, U. a. a. O., S. 41 ff. ; Krystek, U./Moldenhauer, R./Evertz, D. : a. a. O., S. 164 ff.
60) Vgl. hierzu etwa Troßmann, E. : Controlling als Führungsfunktion, München 2013, S. 39 ff. 約90年前に、シュマーレンバッハ（Schmalenbach, E.）は、外部関係を取り扱う商業簿記あるいは財務簿記（kaufmänische Buchführung oder Finanzbuchführung）と経営簿記（Betriebsbuchführung）を峻別し、後者の意義を際立たせている。Schmalenbach, E. : Selbstkostenrechnung und Preispolitik, 2. Aufl., Leipzig 1925, S. 3 ff.
61) Krystek, U./Moldenhauer, R./Evertz, D. : a. a. O., S. 166.

62) 2014年6月5日、ヨーロッパ中央銀行は「マイナス金利」という措置を打ち出した。それによって、民間銀行による企業への貸し出しが増加することが期待されている。この政策がコントローラーによる資金調達の負担を軽減することができるか否かは定かではない。

63) Weber, J. und Zubler, S.: Controlling in Zeiten der Krise, Weinheim 2010; dieselben: Bewältigung der Finanz- und Wirtschaftskrise im Controlling, ZfCM, 54. Jg. (2010), Sonderheft 1, S. 13 ff.; Rehring, J., Weber, J. und Zubler, S.: Die Finanz- und Wirtschaftskrise － Einschätzungen Maßnahmen der Controller in deutschen Unternehmen, Controller Magazin, Sept./Okt. 2009, S. 60 ff. 彼らは、WHU-Otto Beiheim School of Management のマネジメント・コントローリング研究所 (IMC) によって実施された調査の結果などに基づいて発言している。

64) Weber, J. und Zubler, S.: a. a. O., S. 13.

65) Weber, J. und Zubler, S.: Controlling in Zeiten der Krise, S. 54.

66) Weber, J. und Zubler, S.: a. a. O., S. 58 f.

67) Rehring, J., Weber, J. und Zubler, S.: a. a. O., S. 70.

68) Fleege-Althoff, F.: Die Notleidende Unternehmung, Stuttgart 1930, S. 171.

ABOVE

第5章　コントローリングにおける技術論的構想

I．序

　第2次大戦の直後、戦敗国および戦勝国において、アメリカの企業経営に対する関心が高まった。それは戦争を通じて明白になった強大なアメリカの経済の原動力が企業経営にあるものと考えられたからである。それで、各国はアメリカの経営管理制度に注目し、それの摂取に努めることとなったのである。その際、とりわけ関心がもたれたのはコントローラー制度（controllership）であった。当時の西側諸国においては、それの学習と自国への適用のために、産官学が一体となって努力したのである。かかる政策の一環として、多くの視察団がアメリに派遣されたり、アメリカの専門家が各国から招聘されて、講演やセミナーが各地で開催されたのである[1]。

　このようなヨーロッパの西側諸国を中心として起こった潮流の中で、ドイツにおいては各界の代表から成る研究集団（Projekt-Nr. TA 09-301/302）が形成され、1954年11月から12月にかけてアメリカ東部の15の機関（大学、企業、団体）での視察が実施された。その報告書が1957年に出版された『計画策定と統制による経営管理[2]』である。この報告書においては、コントローラーの職務の重要性が強調され、アメリカの企業および一般社会におけるコントローラーの職分と職位についての認識を深めるという当該研究集団の課題が明示され、「ドイツにも近代的マネジメントを」というフレーズに感嘆符が付されたのである[3]。そして、アメリカ流のコントローラー制度が「das Controlling」という新たに創られたドイツ語で表現され、経営経

済学や企業実践に採り入れられることとなったのである。コントローリングの導入から半世紀以上が経過したのであるが、コントローリングの概念等は、さまざまに説明され、きわめて多様なものとなっている。まさに百人百説的状況が生じているのである。このことが混乱を招いている。かつて、エシェンバッハ（Eschenbach, R.）等は、「1つの奇妙な撞着がコントローリングの議論を特色づけている。すなわち、一方では、コントローリングに関して複数種類の職位を有する大企業は存在せず、他方では、コントローリングの定義および技術論的構想に関しては、ほとんど見渡すことができないほどの多様性が見られる[4]」と指摘したが、そのような状況は今日でも変わっていない。

　本章においては、コントローリングに関してしばしば強調される技術論的構想（Konzeption）をめぐる問題について考えることにしたい。

Ⅱ．コントローリングの概念

　ドイツにおいてコントローリングに関する職位が設けられたのは、1950年代の中頃であった。ただし、それは大部分が在独アメリカ企業の子会社においてであった。ドイツ企業における組織単位としてのコントローリング職位の出現は1970年代の初めのことであった。そして、それ以降において、コントローリングは理論的にも実践的にも急速に普及したのである[5]。ところが、コントローリングなる思想や制度がドイツの企業に採り入れられてから長い時間が経過しているにもかかわらず、「コントローリングの概念に関して、統一的な定義は存在しない[6]」といわれるのが実情であって、さまざまな見解が披瀝されているのである。このことに関して、ホルヴァート（Horváth, P.）は、「多くの論者は、方法論的な用具を備えずにコントローリングの概念や技術論的構想に取り組んでいるので、幾多の方法論的に不十分で、矛盾のある、読者を混乱させるようなコントローリング概念やコントローリング技術論的構想が主張されているのである。コントローリングが流行した結果、ほとんどすべての経営的機能、経営的方法および経営的組織構

造が〈コントローリング〉という語と結びつけられ、このことがコントローリングの問題設定を希釈してしまった[7]」と辛辣な発言をし、コントローリングをめぐる混乱状況を憂えたのである。それはコントローリングの本格的な導入の約 30 年後のことであった。

　ホルヴァートの発言のさらに 10 年後にリングナウ（Lingnau, V.）は、「〈コントローリング〉の広く一般に受容される理解は、ホルヴァートの里程石（Meilenstein）の初版が世に出た後の 30 年間においても存在しない[8]」と述べて、それまでの研究の欠落部分を明確に指摘した。そして、このようなコントローリング研究の不備のゆえに、「コントローリングは経営経済学の中に自らの席を見つけることができず、今日でもなおアカデミックな分野とみなされていない。それどころか、コントローリングがそもそも 1 つの学問分野であるか否かということは、これまでに一般的に解明されていない[9]」と考えたのである。このような問題意識に基づいて、リングナウは、「学問的研究の前提は、術語的な明確性（terminologische Präzision）である。なぜならば、それが実現されて初めて、研究成果が研究主体間で吟味され得るからである。それゆえ、われわれは、明確に定義された概念装置（Begriffsapparat）の上に研究を構築する[10]」と考えるに至ったのである。そうすることによって、コントローリングの理解に関する百人百説的状況の解消が図られんとしているのである。

　コントローリングに関する一般理論の形成を妨げているのは、広く受容され得る明白なコントローリング概念が欠如していることである。もとより、概念は、すべての学問的考察の基礎となるもので、考察対象の限定と明確化をもたらす。したがって、それはある種の「識別行為（Unterscheidungshandlung）[11]」の基礎となるものである。かかる意味における概念は、複雑にして多様な現実の写像であり、あらゆる学問の対象となる経験対象（Erfahrungsobjekt）から特定の学問に固有の研究対象たる認識対象（Erkenntnisobjekt）を構成する際の選択原理（Auswahlprizip）あるいは同一性原理（Identitätsprinzip）と同様の役割を果たすのである。それゆえ、厳密に定義された概念の明確化が一般理論の構築にとっては不可欠なのである。すなわち、厳密な概念の形成により考察対象の限定が行われなければならな

いのである。この点、シュナイダー（Schneider, D.）は、研究領域の境界設定が十全に行われていない状況を「素人が陥る危険[12]」とみなしている。

　しかるに、多くの論者が指摘しているように、コントローリングの概念はきわめて多様に考えられており、確固とした基礎をもつコントローリング理論と言えるものが未だ構築されていないというのが実情である。そのような事情に規定されて、コントローリングの一般理論の形成を目指すよりは、コントローリングの役割や機能に眼が向けられる傾向が看取され得るのである。それを支えているのがさまざまな調査研究であり、コントローリングの機能やコントローラーの役割などを経験的に確かめる努力が多く見られる。しかしながら、コントローリング研究は依然として闇の中にあると言わなければならない。

　ある研究群が広く一般に学問の部分領域として認知されるためには、明確性の公準（Präzisionspostulat）と一貫性の公準（Konsistenzpostulat）という2つの公準を満たすことが必要であると言われている。そのことが学問分野として認められるための必要条件であり、学問領域形成に際しての基本的前提となる[13]。

　明確性の公準が求めていることは、ある領域を他の領域から差別化することである。そのためには、差別化されるべき領域の固有の内容が明確にされなければならないのである。すなわち、得られた認識が1つの学問領域を形成し得るためには、「その認識が他のいかなる領域をも共有していない、したがって、その認識に固有な相違点を厳密に定めること[14]」に成功しなければならないのである。

　さらに、コントローリングに関しては、概念や技術論的構想のみならず、その機能、制度および手段が問題となる。少なくともコントローリング研究が学問的な営為であろうとするならば、それらが矛盾なく相互に結びつけられなければならない。コントローリング研究が学問の範疇に入れられ得るためには、論理的整合性の維持が不可欠の条件であることは当然である。それはコントローリング研究に限ったことではない。

　ピーチュ（Pietsch, G.）は、コントローリング研究において上述の2つの公準が満たされていないものと考え、コントローリング研究のおかれている

このような状況を明確性欠如（Präzisierungsdefizit）および一貫性欠如（Konsistenzdefizit）と表現している[15]。そして、彼は、「これまでのコントローリング研究については、多くの研究成果を認めることができる。それにもかかわらず、現在の研究状況でも、明確性と一貫性に関する上述の構想の不備が存在する。このことが実践におけるコントローリング概念の混乱、また、学問におけるコントローリングの混乱を惹起した本質的な原因である[16]」と述べ、理論の不在（Theorielos）という状態を指摘している。それはいまから約10年前のことであった。ピーチュが指摘した状況は今日においても何ら変わっていない。それどころか、むしろ混乱が深まっていると言えよう。未だに、「コントローリングが何を意味するか、あるいは、コントローリングということで何を表現させるかということに関して、各人がそれぞれの観念をもっている[17]」というプライスラー（Preißler, P. R.）の叙述がしばしば引用されるのである。

　これまで、多くの研究者たちは、コントローリングを厳密に定義し、それに基づいてコントローリング理論を構築するという努力を等閑に付して、実践に対する指導理念とみなされ得る技術論的構想によってコントローリングを基礎づけ、1つのまとまった学問分野として説明しようとした。それとの関連で、コントローリングの機能や役割がさまざまに語られたのであるが、そのような努力によってはコントローリングの領域を差別化することはできなかった。このことに関して、リングナウは、「これらの機能（たとえば情報提供、調整など技術的論構想によって表現される機能–引用者）はコントローリングに限定されたものではなく、コントローリングの全体をカバーするものでもなく、したがって、コントローリングを差別化する効果を示すものではないと考えることができる。そのことゆえに、これまでコントローリングが他の分野と共通してもっていないものおよびコントローリングに特有のものという特徴を明確にすることに成功しなかった[18]」と述べている。このような事態が生起しているのは、適切なコントローリング概念を基礎とすることなくもっぱら技術論的構想によってコントローリングを説明せんとする努力が続けられたからに他ならない。

　適切なコントローリング概念を形成するためには、コントローリングが何

のために、何を期待して導入されんとしたかということを確認することが必要である。これに関して有用であるのは上掲の RKW による報告書である。その要約（Zusammenfassung）によると、当時のアメリカにおいては、企業管理上の諸問題を解決するためにコントローラーなる職位が配置され、企業の経済的効果の統制に関するすべてのことがコントローラーの機能の範疇に入れられていた。それはマネジメントを支援する機能であるとみなされていたのである。そして、「当該研究グループは、当面の報告書において、コントローラーと企業および一般社会における彼らのポジションについて明らかにする[19]」、また、「アメリカの企業においては、コントローラーは経営管理の不可欠の機関となっている。それに対して、ドイツにおいてはそのような展開は緒に就いたばかりである[20]」と述べられている。また、この報告書にはアウファーマン（Auffermann, J. D.）によるコントローラーとコントローリングに関する詳細な叙述が収められている[21]。

　以上のことから明らかなように、当時のドイツの産官学が注目し、自国に導入しようとしたのはコントローラー制度であった。これこそがアメリカ企業の強さの源泉であるとみなされたのであり、それを導入・定着させることがドイツ企業の発展のため、延いてはドイツ経済の再建と成長のために不可欠であると認識されたのである。

　以上のような文脈においてコントローリングの概念は定義されるべきであろう。そのことに鑑みてコントローリングを定義すると次のようになる。すなわち、コントローリングとは、「直接的および間接的な価値創造過程に関する企業管理またはマネジメントを成果志向的に支援する仕組み」のことである。このようなコントローリングという仕組みを介して、マネージャーとコントローラーは協働する。彼らは職分と役割を分担しているのである。この仕組みがうまく機能しないならば、企業管理は失敗し、企業危機（Unternehmenskrise）などの深刻な事態が惹き起こされるのである。

Ⅲ．理論・技術論的構想・実践

　ここでは、コントローリング研究において技術論的構想が重視されていることの意味について考察することにしたい。その際、技術論的構想の意義を際立たせるために、理論および実践との関連に言及することにする。

　一般に知識（Wissen）は合理的な認識の総括概念（Inbegriff）とみなされるが、科学（Wissenschaft）は、体系的に収集され、享受され、そして、伝達される人間の知識であると考えられる[22]。かかる科学の目指すものは上述の意味における認識の進歩であるが、獲得された認識を実践に応用するというメタ目的の存在を想定すると、純粋理論科学または説明科学（theoretische bzw. erklärende Wissenschaft）および実践応用科学（praktisch angewandte Wissenschaft）という2つの類型を考えることができる[23]。

　以上のことを前提として、シュミーレヴィッツ（Chmielewicz, K.）は経済科学に関する4段階システムを主張している[24]。それは次のとおりである。

①概念論（Begriffslehre）：
　すべての考察の基礎となるもので、概念および定義の精密化を行う。
②経済理論（Wirtschaftstheorie）：
　概念を理論的言明の基礎として、説明および予測を行う。
③経済技術論（Wirtschaftsthechnologie）[25]：
　理論的言明（原因・結果関連）を目的論的に変換し、目的と手段の関係を明らかにする。
④経済哲学（Wirtschaftsphylosophie）：
　技術論を基礎として、目標および実践における副次的効果に関する価値判断を最終的に行う。

①および②が純粋科学を構成する。このような4つの段階を通じて、本質的な科学目標、理論的な科学目標、実用的な科学目標および規範的な科学目標が追求されるのである。最近では、経営経済学の役割が記述・説明・予測に加えて形成（Gestaltung）にも求められることが多くなっている[26]。

　コントローリング研究においては、つねに実践との関わりが強く意識され

ている。研究が実践志向的であることは社会科学としてはきわめて当然のことであり、そのこと自体は批判されるべきことではない。問題とされるべきなのは、実践との関連を強調することによって理論的基礎の強化を怠り、コントローリングを技術論的構想によって基礎づけんとし、技術論的構想をコントローリング研究の中心に据えたことである。そのことゆえに、「経営経済理論という建物への（コントローリングの-引用者）根拠ある組み入れは一見（よく見ても）実現していないように思える[27]」というのが実情であって、「（コントローリングの-引用者）記述および説明には、近年になってようやく大きな意義が与えられるようになった[28]」のである。したがって、学問としてのコントローリング（Controlling als Wissenschaft）[29]と言えるようなものが確立しているわけでもなく、「コントローリングは、経営経済学において、専門領域として確実に構築されている[30]」と言えるか否かということが吟味されなければならない。

コントローリング研究において技術論的構想が重視されなければならなかった事情について、ヴェーバー／シェッファー（Weber, J./Schäffer, U.）やシェルムとピーチュ（Scherm, E./Piestsch, G.）は以下のように説明している[31]。

理論が実践における現象の記述（Beschreibung）、説明（Erklärung）および予測（Prognose）をその課題とすることは広く一般に首肯されている。ところが、「コントローリングはずいぶん前から企業実践において人気を得ている[32]」ということもあって、行為を形成・変更すること、すなわち、形成推奨（Gestaltungsempfehlung）または行為推奨（Handlungsempfehlung）がきわめて重視されたのである。もとより、純粋理論はそのような実践的要求には直接的には応えることができない。すなわち、理論はあくまでも副次的あるいは間接的に実践に対する形成推奨を行うことができるのであって、そのことは応用理論を通して可能となるのである。さらに、シェルムとピーチュは、学問的な予測が「空間的・時間的に制約されない法則的言明[33]」に基づいてのみ可能であると考えているのである。彼らによると、そのような法則は社会科学においては得られないので、理論の範囲内で明らかにされた因果関係を利用した予測は不可能である。

このような理由から、理論は形成推奨という実践の要求には応えることはできないのである。それゆえに、「理論と実践の間には相当に深い溝が延びている[34]」のであり、「説明を行う言明（＝理論）と他方では実践に対する形成推奨の間に存在する深い溝がパックリと口を開いている[35]」のである。かくして、理論と実践の間の橋渡しをするための実践的・規範的な言明システムが求められることとなる。それが技術論的構想に他ならない。それは理論的言明を規範的な要請に結びつけるのである[36]。

技術論的構想を意味する Konzeption という語は、ラテン語の conceptio にその語源がある。それは、現代のドイツ語では事物の根底にある考え方を意味し、Grundgedanke や Leitidees と同義である[37]。したがって、コントローリングの技術論的構想とは、コントローリング実践の導きの糸となるものであり、それは国家の憲法に匹敵するものであると言われている[38]。そして、エシェンバッハ等は、「技術論的構想は、コントローリングに関する目的関係（finale Beziehung）に関する言明を内容とする。コントローリングの機能的、手段的および制度的な形成は、コントローリングの戦術的な目標に基づいて考察される[39]」、「コントローリングに課せられる役割の範囲と手段は、コントローリングの技術論的構想の枠内において、コントローリング目標に基づいて確定される。それゆえ、個々のコントローリングの技術論的構想の機能的相違あるいは手段的相違はコントローリング目標の相違に還元され得る[40]」と述べている。この文言は技術論的構想の役割を端的に表現している。

以上のことから明白であるように、理論と実践の関係は、「理論・技術論的構想・実践」の関係として現れる。すなわち、理論と実践の関係は間接的であるが、理論と技術論的構想の間および技術論的構想と実践の間にはきわめて密接な直接的関係が見られるのである。したがって、技術論的構想は理論と実践の間の仲介機能（Mittlerfunktion）を果たしているのである[41]。このような事情は第1図のように表されている。

すでに述べたように、コントローリングは第2次大戦後にドイツの企業への導入が強く求められた。それゆえに、コントローリング研究は当初から形成志向的あるいは応用志向的であった。それゆえ、「ドイツ語圏におけるコ

120　第Ⅱ部　コントローリングをめぐる問題

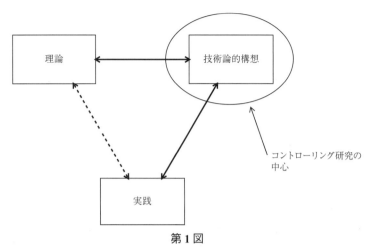

第1図

出所　Scherm, E./Pietsch, G.：Theorie, Konzeption in der Controllingforschung, S. 9.

ントローリング研究の専門家は、伝統的に学問の説明的な役割よりも形成的な役割に精力的に焦点を合わせてきた[42]」のであって、「記述および説明という学問的な目標にはむしろ低い地位しか与えられない[43]」というのが実情であった。かくして、もっぱら技術論的構想にコントローリング研究の認識対象の形成という役割が与えられることとなったのである[44]。そのような試みは成功したのであろうか。

Ⅳ．伝統的な技術論的構想

　もとより、コントローリングに関しては、理論による基礎づけ（theoretische Fundierung）と技術論的構想による基礎づけ（konzeptionelle Fundierung）が企図されていた。しかしながら、先に述べたような事情により、もっぱら後者に力が注がれてきた。そして、そのことによるコントローリングの特色づけや対象領域の限定（明確化）などが期待されたのである。その結果、多くの論者によってさまざまな技術論的構想が提起されたのであるが、それらが、色々なコントローリング理解（Controlling-Verständnis）やコントローリ

ング・アプローチ（Controlling-Ansatz）を生み出す基になった。今日において、コントローリングに関する理解は多種多様であり、また、さまざまなアプローチが主張されているが、それらは技術論的構想の多様性に還元され得るのである。そのことは、本来は理論の範疇で為されるべき問題の解決を技術論的構想が担うことを余儀なくされたことの帰結である。それゆえ、コントローリングそれ自体の類型、コントローリング理解の類型、技術論的構想の類型がほぼ同義的に用いられることも多く、混乱が惹き起こされていると言っても過言ではない。

　技術論的構想に関しては、それぞれの論者が独自の観点から考察しており、さまざまに類型化が行われている。たとえば、シェルムとピーチュは、技術論的構想に関して、古典的なものと新しいものを区分し、第2図のようなシェーマを示している。

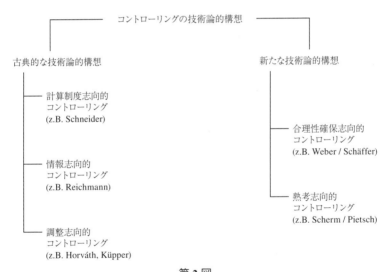

第2図
出所　Scherm, E./Pietsch, G.：Theorie, Konzeption in der Controllingforschung, S. 11.

　この類型化は古典的な技術論的構想に疑念を抱き、その批判を通して新たなものを提示しようとする彼らの意図を反映している。

伝統的に主張されてきた技術論的構想またはコントローリングのアプローチとしては、計算制度志向的アプローチ、情報志向的アプローチ、計画策定・統制志向的アプローチおよび調整志向的アプローチが知られている[45]。

　計算制度志向的アプローチは、利益および流動性に関連する情報の提供という役割をコントローリングに期待する。それは、基本的には、計算制度によって実現され得るのである。しかし、このアプローチでは、すべての情報が貨幣的な評価可能性に結びつけられることになるので、量的な情報のみが考慮に入れられることになり、質的な情報は対象とはなり得ない。それゆえ、コントローリングはこのような狭い檻の中に閉じ込められることになるのである。このアプローチの代表的な論者はシュナイダー（Schneider, D.）であると言われている。

　情報志向的アプローチは、情報の範疇を拡大する。そのことによって、質的情報が考慮され得るようになる。したがって、コントローリングは量的および質的情報の調達、選別および調整にかかわるのであり、それによって、実践における広範な利用が可能になる。かかるアプローチはライヒマン（Reichmann, T.）によって主張されている。

　計画策定・統制志向的アプローチは、情報関連的な考察様式をより精密化したものとして理解され得る[46]。そのことによって、コントローリングに利用されるデータが計画策定・統制に寄与するのである。文献によっては、このアプローチは成果目標関連的なアプローチとも称される。すなわち、この場合、利益最大化または企業価値最大化という形における成果の最適化がコントローリングの目標として措定されるのである。このアプローチを主張する論者としてはハーン（Hahn, D.）が有名である。

　調整志向的アプローチは、管理システムの複雑化・細分化に対応するものである。その際、コントローリングそれ自体も管理の一部分であるが、そのコントローリングに他の管理部分システムの調整という役割が与えられる。当該アプローチは、調整の対象となる管理部分システムの範囲に従って、広狭２つの下位類型が明らかとなる。すなわち、コントローリングの対象たる管理部分システムを計画策定システム、統制システムおよび情報提供システムに限定し、これらを成果目標関連的に調整することを主張するホルヴァー

トのアプローチとこれらの3つの管理部分システムに加えて組織および人事管理システムをもコントローリングによる調整の対象とみなすキュッパーのより包括的なアプローチというのがそれらである。いずれの場合においても、対象となる管理部分システムを成果関連的に調整することが目指されるのである。

　ピーチュとシェルム、ヴィンター（Winter, P.）等が指摘するように、上述のような技術論的構想は他の領域にも妥当するものであって、期待されているようなコントローリングの固有の役割を明確にするものではない[47]。したがって、その意味において各論者の目論見ははずれたと言わなければならない。

　多種多様な技術論的構想の提起を目の当たりにして、ベーレンス（Berens, W.）等は、それらに関する5つの共通点を指摘している[48]。①企業目標システム志向性、②意思決定関連性、③情報提供の重視、④役割内容としての計画策定・統制および⑤調整というのがそれらである。彼らは、このような5つの共通点の導出によって個々のアプローチが矛盾するものでないことが明白となり、かかる共通性が統合的なコントローリング理解を形成することに貢献するものと考えている[49]。しかしながら、彼らの試みでは、各アプローチの共通性のみが指摘されるだけであり、そのことによりコントローリングの固有の対象領域の限定が可能になるわけではない。

　また、ヴェーバー（Weber, J.）とシェッファー（Schäffer, U.）は、さまざまな論者により種々の技術論的構想が提起されており、ジャングルのような状態が出現しているという状況を眼前にして、それらを「共通の分母[50]」の上に乗せ、「包括的なクリップ[51]」で束ね、そのことによって多様なコントローリング観を「一つの共通の核[52]」に近づけることを目指した。そのことによって、新たな統合的なアプローチを提示することが意図されたのである。それが合理性確保志向的な技術論的構想（rationalitätssicherngsorientierte Konzeption）の主張に他ならない。ヴェーバーはそれを新たな統合的アプローチの基礎であると考えている[53]。しかしながら、合理性確保ということを志向し、その際の目標を利益獲得に求めるということは企業のあらゆる領域に関して看取され得ることであって、コントローリングに限られたもので

はないのである。したがって、彼らの主張は、従来の技術論的構想を統合して対象領域を明示するものではなく、新たな技術論的構想を提示するものとして理解されなければならないであろう。なぜならば、合理性確保を志向する技術論的構想によってコントローリングに固有の対象領域が明確になるものではないからである。それゆえ、かかる新たな技術論的構想の提起によって、コントローリングをめぐるジャングル的なカオス状態を収束させることはできないのではないか。

V. 結

　ホルヴァートが「コントローリング　サファリ 2013」という論文を公にした[54]。彼は、ミンツバーグ（Mintzberg, H.）等による『戦略サファリ[55]』で紹介されているサックス（Saxe, J. G.）の有名な「ゾウの寓話」を引用することから叙述を始め、それをアナロジーとして用いて、コントローリング研究の現状を明示している。ゾウの肉体の各部分（耳、鼻、足など）による説明が技術論的構想に擬えられているのである。コントローリングはゾウそのものである。肉体の各パーツによる説明のみではゾウの体全体を説明することはできないということに基づいて、ホルヴァートは「ゾウはどこにいる」と述べて、コントローリング研究の現状に疑問を呈しているのである。すなわち、多くの論者によって主張されている技術論的構想をもってしては、コントローリングの全体像を明らかにし、その対象領域の限定が可能でないということが強調されているのである。周知のように、ホルヴァートはコントローリング研究のパイオニアの一人であり、その著書『コントローリング』の初版（1979 年）は初期の研究の里程石と言われている。そのホルヴァートによる意見表明であるだけに、その意味することの重要性に留意しなければならない。

　コントローリング研究は経営経済学という社会科学の一環として行われるのである。したがって、まず実践が先にあり、後から理論が形成される。す

なわち、実践における問題の説明や解決のために理論が必要とされるのである。ところが、コントローリングの分野においては、何よりも実践における問題の解決に眼が向けられることが多かったことはすでに述べたとおりである。すなわち、実践の導きの糸となるようなものが強く求められたからである。そのような役割を技術論的構想が果たすことを期待された。しかし、十分な理論的基礎づけを伴わない技術論には限界があり、やがて行き詰まることは明白である。技術論が実践に役立つためには、かえって理論の研究に力が注がれ、理論的研究に裏付けられた技術論的構想が形成されなければならないのである。

　コントローリングのドイツへの導入から半世紀以上が経過した。ようやく、コントローリング研究も確固とした理論の構築が要請される段階に達しているのではないか。多くの論者が指摘しているように、コントローリングの本格的な理論的研究は始まったばかりである。真に有用な技術論を可能にするような理論的基礎の形成が望まれる。

注
1）コントローラー制度の各国への導入に関しては、別稿を予定している。
2）Rationalisierungs-Kuratorium der Deutschen Wirtschaft（RKW）: Betriebsführung durch Planung und Kontrolle, München 1957.
3）RKW: a. a. O., Zusammenfassung; Galter, R.: Einleitung, in: RKW: a. a. O., S. 7.
4）Eschenbach, R. und Niedermayr, R.: Die Konzeption des Controlling, in: Eschenbach, R.（Hrsg.）: Controlling, Stuttgart 1995, S. 49.
5）Vgl. Töpfer, A.: Betriebswirtschaftslehre, 2. Aufl., Berlin Heidelberg New York 2007, S. 1087; Weber, J. und Schäffer, U.: Einfühlung in die Controlling, 12. Aufl., Stuttgart 2008, S. 7 ff.
6）Jung, H.: Controlling, 3. Aufl., München 2011, S. 4. Vgl. auch Müller, A.: Grundzüge eines ganzheitlichen Controlling, 2. Aufl., München 2009, S. 85.
7）Horváth, P.: Controlling, 7. Aufl., München 1998, S. 70 und S. 74.
8）Lingnau, V.: Controlling, Betriebswirtschaftslehre und Privatwirtschaftslehre, Beiträge zu Controlling-Forschung, Nr.14, 2008, S. 2. また、ピーチュ（Pietsch,

G.) も、リングナウに先立って、「コントローリングの概念に関する普遍妥当的な理解が得られるのは、今日においてもなおまだまだ先のことである」(Pietsch, G.：Reflexionsorientiertes Controlling, Wiesbaden 2003, S. 1.) と言明していた。

9) Lingnau, V.：a. a. O., S. 2. それに対して、キュッパー (Küpper, H.-U.) は、1990年代には大抵の大学や専門学校 (Hochschule) にコントローリングの教授職 (Professur) が配置され、そのことによりコントローリングが世間一般に認められた学問的な部分領域 (wissenschaftlicher Teilbereich) になったと考えているのであるが (Küpper, H.-U.：Notwendigkeit der theoretichen Fundierung des Controlling, in：Scherm, E. und Pietsch, G.：Controlling - Theorien und Konzeptionen, München 2004, S. 25)、それは事実を正しく表していないと言わなければならない。

10) Lingnau, V.：Forschungkonzept des Lehrstuhls für Unternehmensrechnung und Controlling, Beiträge zu Controlling-Forschung, Nr.15, 2010, S. 7.

11) Thiel, C.：Begriff, in：Seiffert, H. und Radnitzky, G.（Hrsg.）：Handlungslexikon zur Wissenschaftstheorie, München 1989, S. 9 f.

12) Schneider, D.：Betriebswirtschaftslehre, Bd. 4, Geschichte und Methoden der Wirtschaftswissenschaft, München Wien 2001, S. 168 und S. 262. かつて、彼は、固有の性格を明示することができないという理由からコントローリングの存在理由を否定したことがある (Schneider, D. Versagen des Controlling durch eine überholte Kostenrechnung, DB, 44. Jg.（1991）, S. 773 ff.）。Vgl. hierzu Becker, W.：Begriff und Funktion des Controlling, Bamberger Betriebswirtschaftliche Beitäge, Nr.106, S. 1.

13) Lingnau, V.：Controlling, Betriebswirtschaftslehre und Privatwirtschaftslehre, S. 2 f.；derselbe：Forschungskonzept des Lehrstuhls für Unternehmensrechnung und Conroliing, S. 13.

14) Kant, I.：Prolegomena zu einer jeden künftigen Metaphysik, die als Wissenschaft wird auftreten können, Riga 1783, S. 13. 土岐邦夫、観山雪陽、野田又夫訳『プロレゴメーナ・人倫の形而上学の基礎づけ』中央公論新社、2005年、23ページ。

15) Pietsch, G.：Reflexionsorientiertes Controlling, Wiesbaden 2003, S. 2.

16) Pietsch. G.：a. a. O., S. 11.

17) Preißler, P. R.：Controlling, 13. Aufl., München 2007, S. 14.

18) Lingnau, V.：Controlling, Betriebswirtschaftslehre und Privatwirtschaftslehre, S. 3.

19) RKW：a. a. O., Zusammenfassung.

20) RKW：a. a. O., Zusammenfassung.

21) Auffermann, J. D.：Der Controller, in：RKW：a. a. O., S. 42 ff.

22) Fülbier, R. U. : Wissenschaftstheorie und Betriebswirtschaftslehre, in : Horsch, A., Meinhövel, H. und Paul, S. （Hrsg.）: Institutionsökonomie und Betriebswirtschaftslehre, München 2005, S. 16. 深山 明監訳、関野 賢・小澤優子訳『経営学の基本問題』中央経済社、2011 年、16 ページ。
23) Fülbier, R. U. : a. a. O., S. 18. 深山 明監訳、関野 賢・小澤優子訳、前掲訳書、18 ページ。
24) Chmielwicz, K. : Forschungskonzeption der Wirtschaftswissenschaft, 3. Aufl., Stuttgart 1994, S. 8 ff.
25) これは経済政策の理論（Theorie der Wirtschaftspolituk）とも称される。
26) Schneider, D. : Betriebswirtschaftslehre, in : Die Gabgler Lexikon-Redaktion（Hrsg.）: Gabler Wirtschaftslexikon, 15. Aufl., Wiesbaden 2000, S. 467 ff.
27) Weber, J. und Schäffer, U. : a. a. O., S. 2.
28) Weber, J. und Schäffer, U. : a. a. O., S. 3.
29) Schwarz, R. Entwicklungslinien der Controllingforschung, in : Weber, J. und Hirsch, B.（Hrsg.）: Controlling als akademische Disziplin, Wiesbsden 2002, S. 3.
30) Hoffjan, A., Kißler, M. und Ritscher, H. J. : Die systemgestützte Controlling-Konzeption, Controlling, 25. Jg. （2013）, S. 197.
31) Weber, J. und Schäffer, U. : a. a. O., S. 1 ff. ; Scherm, E. und Pietsch, G. : Theorie und Konzeption, in : Scherm, E. und Pietsch, G.（Hrsg.）: Controlling－Theorie und Konzeptionen, München 2004, S. 3 ff.
32) Pietsch, G./Scherm, E. : Neue Controlling-Konzeption, WISU, 30. Jg. （2001）, S. 206.
33) Scherm, E./Pietsch, G. : a. a. O., S. 8. また、ヴェーバーとシェッファーも同様に考えている。Vgl. hierzu Weber, J. und Schäfer, U. : a. a. O., S. 2.
34) Scherm, E./Pietsch, G. : a. a. O., S. 8.
35) Scherm, E./Pietsch, G. : a. a. O., S. 8.
36) Vgl. z. B. Winter, P. : Controlling-Konzeption revisited, MRPA Paper, No.1053, Sept. 2008, S. 7.
37) Vgl. http : //duden.de./rechtschreibung/Konzeption.
38) Eschenbach, R. und Niedermayr, R. : a. a. O., S. 49. Vgl. auch Braunstein, R. : Die Controllingpioniere, Saarbrücken 2008, S. 42.
39) Eschenbach, R. und Niedermayr, R. : a. a. O., S. 51.
40) Eschenbach, R. und Niedermayr, R. : a. a. O., S. 51.
41) Weber, J. und Schäffer, U. : a. a. O., S. 2.
42) Weber, J. und Schäffer, U. : a. a. O., S. 3.
43) Scherm, E./Pietsch, G. : a. a. O., S. 9.

44) Schäffer, U. : Gedanken zum Erkenntnisobjekt der Controllingforschung, European Business School Working Paper on Management Accounting & Control, No. 8, Oestrich-Winkel, 2003, S. 1 f.
45) ここでは、シェルムとピーチュによるシェーマに計画策定・統制志向的アプローチを付加している。Vgl. hierzu Eschenbach, R. und Niedermayr, R. : a. a. O., S. 56 ff. ; Pietsch, G./Scherm, E. : a. a. O., S. 206 f. ; Pietsch, E. : a. a. O., S. 5 ff. ; Scherm, E. und Pietsch, G. : a. a. O., S. 10 ff. ; Weber, J. und Schäffer, U. : a. a. O., S. 20 ff. ; Winter, P. : a. a. O., S. 10 ff. ; Lingnau, V. : a. a. O., S. 3 ; Becker, W. und Baltzer, : Controlling － Eine instrumentelle Perpektive, Bamberg 2009 ; Berens, W., Knauer, T., Sommer, F. und Wöhrmann, A. : Gemeinsamkeiten deutscher Controlling-Ansäte, Controlling, 25.Jg.（2013）, S. 223 ff. また、次の研究を参照。小澤優子「コントローリングの基本構想」『関西学院商学研究』第51号、2002年、209ページ以下、小澤優子「コントローリングと管理部分システムの調整」『商学論究』第54巻第2号、2006年、71ページ以下、和田伸介「コントローリングの機能と〈調整〉概念」『大阪商業大学論集』第3巻第2号、2008年、57ページ以下、関野 賢「コントローリングと調整概念」『経営学論集』第6巻第2号、2010年、155ページ以下。
46) Berens, W., Knauer, T., Sommer, F. und Wöhrmann, A. : a. a. O., S. 224 ; Berens, W./Bertelsmann, R. : Controlling, in : Küpper, H.-U. und Wagenhofer, A. （Hrsg.）: Handwörterbuch Unternehmensrechnung und Controlling, 4. Aufl., Stuttgart 2002, Sp. 282.
47) Pietsch, G./Scherm, E. : Neue Controlling-Konzeption, S. 206 ; Winter, P. : a. a. O., S. 10 ff.
48) Berens, W., Knauer, T., Sommer, F. und Wöhrmann, A. : a. a. O., S. 224 ff.
49) Berens, W., Knauer, T., Sommer, F. und Wöhrmann, A. : a. a. O., S. 225.
50) Weber, J. und Schäffer, U. : Sicherstellung der Rationalität von Führung als Aufgabe des Controlling?, DBW, 59. Jg.（1999）, S. 731.
51) Schäffer, U. : Gedanken zum Erkenntnisobjekt der Controllingforschung, European Business School Working Paper on Management Accounting & Control, No. 8, Oestrich-Winkel, Okt. 2003, S. 5.
52) Weber, J. : Neue Perpektiven des Controlling, Betriebs-Berater, 55. Jg.（2000）, S. 1935.
53) Weber, J. : a. a. O., S. 1931.
54) Horváth, P. : Controlling Safari 2013, Controlling, 25. Jg.（2013）, S. 203 ff.
55) Mintzberg, H./Ahlstrand, B./Lampel, J. : Strategy Safari, New York 1998. 齋藤嘉則監訳『戦略サファリ』東洋経済新報社、2013年。

第6章 価値創造志向的コントローリングの基礎

I. 序

　第5章において述べたように、コントローリングのドイツへの導入が企てられてから、かなりの時間が経過した。しかしながら、コントローリングの基礎的な研究はまだまだ不十分であると言わざるを得ない。

　コントローリング研究は、経営経済学という社会科学の1つの領域を形成する。したがって、実践がまず先にある。そして、実践におけるさまざまな問題の解決や説明が必要とされる。このような実践からの要請に応えるために理論が形成されるのである。それゆえ、理論が実践の後追いをすることはきわめて当然のことである。さまざまな理由から、コントローリングの実践への適用は遅れ、それが本格的に始まったのは1970年代の終わりのことであった[1]。また、学問としてのコントローリングの研究は1980年代に始まり、多くの大学にコントローリングという名を冠した講座が設置されるようになったのである[2]。

　コントローリングの導入に関しては、何よりも実践への応用が企図されたので、その際の導きの糸となる技術論的構想（Konzeption）の研究が盛んに行われた。このように、実践との関わりが重視されたことは、社会科学もしくは経験科学としては、もとより意味のあることである。しかしながら、そのことに眼を向けられることがあまりにも多く、コントローリングの概念などの基本的問題の解明が等閑視されているように思える。そして、根無し草の如き多様なコントローリングの技術論的構想の提唱が散見されるのであ

る。

　このような状況の下で、長年に亘ってコントローリングの研究に従事し、真摯に基本問題に取り組んでいる研究者がいる。ベッカー（Becker, W.）やリングナウ（Lingnau, V.）等である。

　ベッカーは、企業それ自体の問題から考察を開始し、価値創造志向的な技術論的構想（wertschöpfungsorientirte Konzeption）を提唱している。本章においては、彼の研究について考察し、今後の研究の基とすることにしたい。

II．基本的思考

　ベッカーは企業に関する基本的な理解を披瀝し、それに基づいて独自のコントローリング理論を展開している。この点において、他の論者には見られない彼の所説の特徴が看取され得るのである。ここでは、ベッカーのコントローリング理論の基礎となっている考察様式について検討することにしたい。

　ベッカーは、企業を経済的な活動の中心（wirtschaftliches Aktionszentrum）とみなして、それを「経済行為の制度（Institution ökonomischen Handels）[3]」として把握している。企業についてのこのような理解は、コジオール（Kosiol, E.）の見解に由来するものと言える[4]。

　制度としての企業には多くの利害関係者（Interessenträger）が関わっている。彼らは企業を利用することによってそれぞれの目標を達成しようとしている。しかして、企業内部の利害関係者としては、経営者と従業員が、そして、企業外部の利害関係者としては、自己資本出資者、他人資本提供者、材料および中間生産物などの供給者、顧客、社会的制度（国の制度、各種団体など）が想定されている。このことに関して想起されるのがコジオール学派とりわけシュミット（Schmidt, R.-B.）によって主張された「企業の用具的機能（Instrumentalfunktion）[5]」なるコンセプトである。

　上述の利害関係者の中で、ベッカーの所論にとって重要であるのは、生産要素を提供することによって企業の生産に参画する利害関係者である。彼ら

は、そのことによって報酬（利益、利子、賃金および給料、租税、分担金、手数料など）を得ることを期待するのである[6]。したがって、材料および中間生産物の供給者と顧客は利害関係者から除外されている。なぜなら、前者は、企業の生産の結果とは関係なく、いわゆる前給付（Vorleistung）を提供し、それに対する反対給付を受け取るからである[7]。また、顧客は企業の生産には参画しないからである。それゆえ、ベッカー等の想定している利害関係者の範囲は、シュミットの指摘した利害関係者や通常のステークホルダーよりも狭いのであり、それは利害者集団（Inteessengruppe）といわれている。

上述の如き制度としての企業が用具的な機能を果たすことの要件は何か。それは、何よりもまず、企業の存在確保（Existenzsicherung）である。したがって、企業の存在の根拠が確かめられなければならない。それは社会が企業に与える役割（Rolle）に求められる。

かつて、ウルリッヒ（Ulrich, H.）は、企業を生産を行う人間のシステム（produktives und soziales System）として把握し、それが存続し得るための要件を次のように考えた[8]。すなわち、企業は人間社会において生産的な機能を果たすもので、財およびサービスを社会のために供給する。もしも、社会が企業の供給する財およびサービスを必要としなければ、企業はその存在根拠（Existenzberechtigung）を失う。したがって、企業は社会において存在を許されなくなってしまうのである。このことに関して、ウルリッヒは、システムとしての企業の目的（Zweck）と目標（Ziel）を峻別し、「目的とはシステムがその環境において果たす、または、果たすことを求められる機能のことであり、目標とは何らかのアウトプットのシステム自身が求める行動様式あるいは状態のことである[9]」と述べている。したがって、企業が自らの存在確保のために達成しなければならないのは企業目的（Unternehmungszweck）ということになる。ベッカーはこのようなウルリッヒの所説を支持し、「企業が社会的環境から与えられる役割が企業目的とみなされる。……企業が与えられる目的を達成することに成功しないなら、利害集団が企業に背を向けるという危険が存在する。したがって、その目的を実現することは、企業の長期的な存続にとってきわめて重要である[10]」と述べている。

企業の存在を決定的に規定する3つの企業目的が考えられている。それは次の如くである。

①財およびサービスの開発、生産および販売による需要の充足（Bedarfsdeckung）
②報酬の獲得（Entgelderzielung）[11]
③欲求の充足（Bedürfnisbefriedigung）

この3つの企業目的を統合するのが価値創造である。3つの企業目的は「価値創造という宝石の研磨面[12]」として説明されている。しかして、価値創造を実現することによって、企業目的が達成されるのである。したがって、企業における価値創造は、企業目的を達成するための手段ということになる。この関係は第1図のように示される[13]。

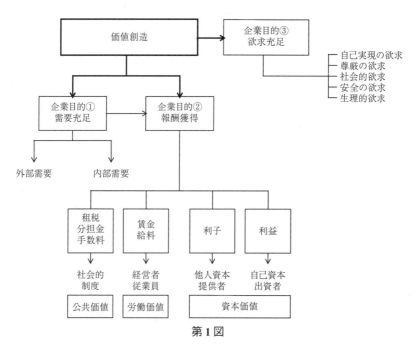

第1図

第1図から明らかなように、価値創造によって企業の内部と外部に存在する需要が充足される。また、その見返りとして得られたものが利害集団に報酬として分配されるものの原資となる。そして、他方では企業の欲求が充足されるのである[14]。

　貨幣的な観点から考えると、価値創造は付加価値（Mehrwert）の生産である。この意味での付加価値は、企業が変換過程の遂行によって「外部から購入した前給付に付加した価値[15]」のことである。それは生産要素を提供した利害集団に帰属する。付加価値をめぐっては、古くてなお未解決の分配問題がある[16]。

Ⅲ．価値創造循環の問題

　企業が価値創造により生み出される付加価値をできる限り大きくしようとすることは必然である。それで周知のように、より大なる付加価値を獲得するために差別化（Diffrenzierung）とコスト・リーダーシップ（Kostenführerschaft）に基づく競争優位（Wettbewerbsvorteil）が形成されなければならない。このような価値創造を主導し、実行に移すための思考モデルの明確化が求められる[17]。それが価値創造循環（Wertschöpfungskreislauf）なる考え方である。

　これに関する重要な概念が成果獲得ポテンシャル（Erfolgspotential）である。それは、経営経済学においては、1974年にゲルヴァイラー（Gälweiler, A.）によってはじめて用いられた概念であり[18]、「生産物および市場に固有の成果関連的なすべての前提の全体構造[19]」を表すのである。そして、「企業はこの成果獲得ポテンシャルを自由に利用することができる場合にのみ競争優位を構築することができる[20]」のである。したがって、成果獲得ポテンシャルは企業による価値創造の根拠となるのである。

　価値創造をめぐって、企業管理（Unternemensführung）は、成果獲得ポテンシャル、成果（Erfolg）および流動性（Liquidität）という3つの管理要因を志向する。これらの管理要因の間には相互作用が見られ、それが価値創造

循環として把握されるのである。このような価値創造循環はゲルヴァイラーによって説明されている[21]。このゲルヴァイラーの思考モデルをベッカー等はバランスト・ヴァリューマップ（Die Balanced Value Map）という一般化されたビジネスモデルに拡張した。それは概略次の通りである。

　思考の出発点は、企業の持続的な存在のためには価値創造による付加価値が継続的に獲得されなければならないということである。そのための大前提は、成果獲得ポテンシャルの構築である。成果獲得ポテンシャルは、市場における機会と企業の強みの調和を意味し、競争優位を形成する。この競争優位の実現によって、成果が獲得される。周知のように、ドイツ語圏においては、計算制度は二重システム（Zweikreissystem）となっている。一方では、外部計算としての損益計算（Erfolgsrechnung）において、収益と費用の差額としての利益が算定される。他方では、内部計算たる経営成果計算（Betriebsergebnisrechnung）において、売上高と原価の差額としての経営成果が算定される。このようにして把握される成果（利益、経営成果）は、遅かれ早かれ収入と支出を生じさせる。したがって、企業の支払手段残高すなわち流動性が変化させられるのである。このことに、企業の持続的存続に関する重要な意義が与えられる。企業は、流動的である場合、すなわち、定められた期限内にすべての支払義務を履行することができる場合にのみ、経済的取引に参画することができるからである。得られた支払手段は、前給付に対する支払や利害集団への報酬支払に貢献するだけではなくて、現有の成果獲得ポテンシャルの維持、新たな成果獲得ポテンシャルの構築のために投資されるのである。競争優位の維持・拡大のためにはそれが必要である。このように、価値創造循環は、戦略的管理（strategische Führung）と戦術的管理（operative Führung）に関わる問題を提起している。すなわち、成果獲得ポテンシャルは戦略的な変数であり、成果および流動性は戦術的な変数なのである。ベッカー等はこのような関係をシェーマ化して、第2図のように示している。

第6章 価値創造志向的コントローリングの基礎　135

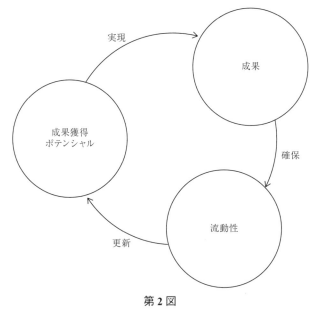

第 2 図
出所　Becker, W., Baltzer, B. und Ulrich, P. : a. a. O., S. 59.

Ⅳ. 企業管理とコントローリング

　前節において明らかにされた価値創造循環は、1回限りではなく反復的に実現されなければならない。たとえば、ベッカー等は、バランスト・ヴァリューマップを「企業による長期的および継続的な価値創造を目指す思考モデル[22]」であるとみなし、「企業の永続的な存在のためには、継続的で十分な価値創造が必要である[23]」と述べている。

　価値創造循環を連続的に実現することを確実にする役割を担うのが企業管理である。この企業管理は動態的なマネジメントサイクルの枠内において遂行される[24]。周知のように、それは、計画策定（Plannung）、遂行（Durchsetzung）および統制（Kontrolle）という諸局面から成るサイクルである。

　まず、考察の前提として、2種類の活動が区別される[25]。管理活動

（Führungsaktivität）と執行活動（Ausführungsaktivität）というのがそれらである。前者は、意思決定を行い、それの実行を指揮し、結果を吟味する。それに対して、後者は、下された意思決定の内容を前もって与えられた指示に従って現実化する活動である。

　かかる企業管理の機能としては、まず、統率（Lenkung）が挙げられる。それは、意思決定の実行に対して適切な指示を発し、実行に望ましい影響を及ぼすという意味における指揮（Steuerung）と執行活動によりもたらされた結果と設定された目標との乖離に対して対策を講ずるという意味における規正（Regelung）を含む。また、企業管理は執行活動の枠組みを形成するという機能をも有する。それが形成（Gestaltung）である。この形成は、静的な意味で構造（Strukturen）そして動的な観点からするとプロセス（Prozesse）を含む。それぞれ組織構造と組織過程の問題として発現する。さらに、執行活動（機械の操作等も含む）はつねに人間によって担われるのであるから、行動関連的な管理機能（verhaltensbzogene Führungsfunktion）としての指導（Leitung）が挙げられる。それは狭義の管理とも称され、そのための手段としては、動機づけ、コンフリクトの回避、学習効果による知識増加などが考えられる。これらの企業管理の諸機能は、「古典的な管理用具（klassische Führungsinstrumente)[26]」であって、それは通常の企業管理に関する「正典（Kanon）[27]」に記載されているものである。すでに述べたように、企業管理は価値創造循環を持続的に回転させ、企業目的を達成することを目指すものであるから、上述の統率、形成および指導という通常の管理用具のみでは不十分であって、マネジメントサイクルをして価値創造を志向させる「価値創造プロモーター（Wertschöpfungspromotor)[28]」が必要である。そのような価値創造を促進するような作用を及ぼす管理機能が「推進（Lokomotion)[29]」である。ここではこれを「価値創造推進」として理解することにする。このような機能を果たす管理用具がコントローリングなのである。この価値創造推進がコントローリングの本源的な機能である。

　かくして、コントローリングは、価値創造を志向する企業管理に不可欠の用具として特徴づけられる。それゆえ、コントローリングという管理用具を付加することによって、古典的な管理用具すなわち「正典」に記載されてい

る内容が補完されることになったのである。このことによって、いわば無色透明である企業管理に「価値創造」という色がつけられたのである。

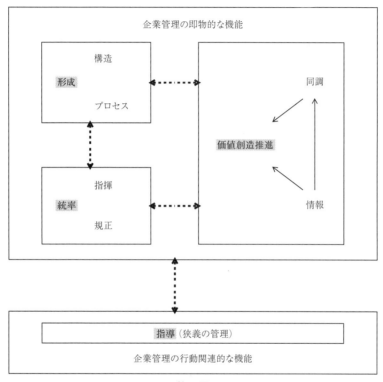

第3図
出所　Becker, W., Baltzer, B. und Ulrich, P.：a. a. O., S. 58.

　このような価値創造志向はすべてのマネジメントプロセスにおいて実現されなければならない。しかも、計画策定、意思決定および遂行、ならびに、統制という管理活動の諸局面においてだけではなくて、実行（Realisation）を含む執行活動の局面においても実現されなければならないのである。この事情は第4図において明らかである。

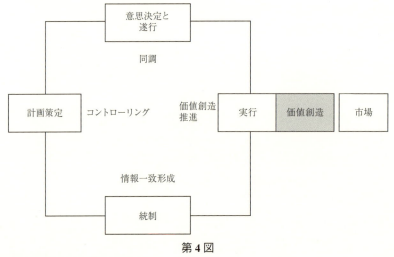

第4図
出所 Becker, W. und Baltzer, B.: a. a. O., S. 16.

　以上のことから、コントローリングが管理過程の重要な構成要素であることが明らかとなった。このことによって、企業管理とコントローリングの関係をめぐる問題に対する回答が与えられたのである。かつて、ベッカーは「企業管理の伝統的な領域とコントローリングの根本的な関係も依然として明らかにされていない30)」と述べて、この問題が未解決のままであることを示唆した。しかし、彼のその後の研究によって、コントローリングが企業管理の統合的な構成要素とみなされ得ることが明確にされたのである。

V. コントローリングの機能

1. 本源的な機能

　すでに明らかなように、コントローリングの本源的な機能は価値創造推進である。それは管理活動と執行活動をして価値創造を志向せしめるという役割である。
　企業管理は価値創造循環が持続的に実現されるように配慮しなければなら

ない。「価値創造循環を動かし続ける」ということが「価値創造推進」ということによって象徴的に表される。しかし、それは逐次的に（seqentiell）行われるだけではなくて、諸局面同時的に（phasensimultan）行われなければならない。「企業管理はつねに並行的に、成果獲得ポテンシャルの更新、成果獲得ならびに流動性確保に腐心しなければならない[31]」のである。

　制度的な観点から考えると、価値創造推進という管理機能はマネージャーによって遂行される。マネージャーはそのためにコントローリングという管理用具を利用する。したがって、価値創造推進はコントローリングの本源的な機能とみなされるのである。

2. 派生的な機能

　価値創造推進というコントローリングの本源的な機能は、随伴的な前提として、他の2つの派生的な機能が果たされる場合にのみ意味をもって遂行されるのである[32]。2つの機能とは同調（Abstimmung oder Koordination）[33]と情報一致の形成（Herstellung von Informationskongruenz）である。これらは本源的な機能から導出されるのであり、派生的な機能として価値創造推進に貢献する。マネージャーによって遂行される本源的な機能とは異なり、派生的な機能はマネージャーを支援するコントローラーによって遂行される。それゆえ、派生的な機能は管理支援機能（Unterstützungsfunktion）とも称されるのである。

　同調機能は、企業管理という活動を人的、制度的そして時間的に同調することに貢献する[34]。したがって、すべての意思決定領域と行動領域が相互に同調されるのである。

　現代の企業においては、多かれ少なかれ専門化が進んでおり、業務が分業によって多くの人間に割り当てられている。それらの部分的な機能の間には相互依存関係があり、同調ということが必要となる。まず、執行活動の同調は企業管理によって担われ、それは第1次的同調（Primärkoordination）といわれる。このためには、企業管理の形成機能が利用される。それは組織による管理活動と執行活動の同調である。また、企業管理に関しても分業が行われているのが通常であり、それらは多くの人によって、さまざまな管理レベ

ルで遂行されている。それで、「企業管理の内部においてもインターフェース問題（Schnittstellenproblem）が生じる[35]」のであり、それらも同調を必要とする。この同調は第2次的同調（Sekundärkoordination）とみなされる。つまり、すべての管理活動が企業の価値創造目的を志向させられなければならないのである。このようにして、「すべての管理活動を企業の価値創造目的に向けさせること[36]」が確実にされなければならないのである。それはコントローリングによる管理活動間の同調である。

　コントローリングのいま1つの派生的な機能である情報機能は企業管理の内部での情報一致を確実にすることに寄与する。それは、「意思決定発見のために必要とされる情報（情報必要）が、自由に利用でき（情報提供）、実際に意思決定に用いられる（情報需要）[37]」ということを意味する。したがって、「コントローリングの情報機能は、情報必要性、情報需要および情報提供を継続的に可及的高度に一致させること、すなわち、情報一致を達成

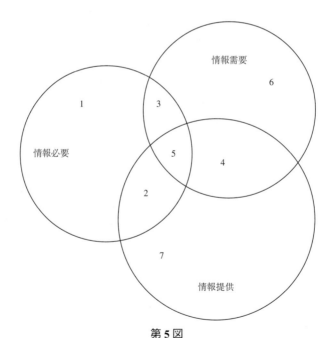

第5図

出所　Becker, W., Baltzer, B. und Ulrich, P.：a. a. O., S. 80.

第6章　価値創造志向的コントローリングの基礎　　141

することにある38）」のである。これらの関係は第5図のように示され、説明される。

　第5図における1〜7は次のことを表す39）。

1．役割を果たすために必要であるが、需要されないし、供給もされない情報。
2．役割を果たすために必要であり、供給されるが、需要されない情報。
3．役割を果たすために必要であり、需要されるが供給されない情報。
4．役割を果たすために必要ではなく、その限りでは目的関連的な知識ではないが、需要され、供給されるデータ。
5．この部分にのみ情報一致が見られる。役割を果たすために必要であり、供給され、需要される情報。
6．役割を果たすために必要ではなく、その限りでは目的関連的な知識ではないが、需要されるデータ。

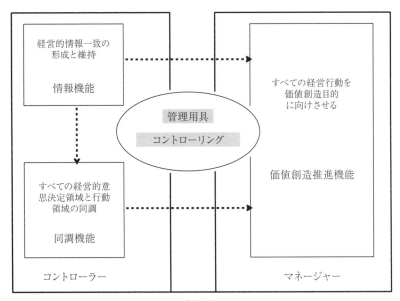

第6図

出所　Becker, W., Baltzer, B. und Ulrich, P. : a. a. O., S. 61.

7．役割を果たすために必要ではなく、その限りでは目的関連的な知識ではないが、供給されるデータ。

　かくして、情報一致とは、役割を遂行するために、必要な情報が提供されており、それが自由に利用され得るという状態のことである。それを実現することがコントローリングの派生的な機能と見なされているのである。
　以上において述べてきたマネージャー、コントローラーおよびコントローリングの関係は第6図の如くである。

VI．結

　ベッカー等の提唱している価値創造志向的コントローリングについて考察してきた。彼らは、企業を社会の中に存在するシステムとして捉え、同時に、企業を多くの利害集団が自らの目標を達成するために利用する制度として理解している。これらの点にウルリッヒ、コジオールおよびR.-B. シュミットの影響が看取される。
　企業が社会において存立を確保するためには、社会が与えた役割を果たさなければならない。かかる役割は、ウルリッヒに倣って企業目的として把握される。かくして、需要充足、報酬獲得および欲求充足が企業目的として設定されたのである。これらの企業目的を達成し、社会から与えられた役割を果たすために、企業は価値創造を実現しなければならない。すなわち、価値創造は企業目的達成のための手段なのである。このことを明示している点にベッカー等の所論の特徴が見られる。そして、彼らは、ゲルヴァイラーの所説に触発されて、価値創造循環なる思考モデルを形成し、これとの関連で企業存続の必要条件としての価値創造が説明されているのである。
　価値創造により持続的に付加価値を生み出すためには、価値創造循環が絶えず実現されなければならない。この点に企業管理の役割が存在するのである。それゆえ、通常指摘される伝統的な管理用具の他に価値創造を推進させるプロモーターとしての管理用具が必要である。それがコントローリングに

求められているのである。かくて、コントローリングが価値創造実現のための管理用具であることが明示されることとなった。また、コントローリングの本源的な機能と派生的な機能が指摘され、マネージャーが本源的機能を利用し、コントローラーが派生的機能を利用するということが指摘されている。

以上のように、実体としてのコントローリングが定義されたことは重要なことで、その意義は評価されなければならない。しかして、ベッカー等によって提示された価値創造志向的コントローリングというコンセプトと彼らの主張するコントローリング概念は完全に整合的である。このことは、他の論者の場合には見られない彼らの所論の際だった特徴であると言える。

本章においては、価値創造志向的コントローリング論の基礎的な問題に考察が限定されている。その内容について論究は別の機会に行いたいと考える。

注
1) Hubert, B. : Controlling-Konzeption, Wiesbaden 2015, S. 2.
2) Hubert, B. : a. a. O., S. 3.
3) Becker, W. : Stabilitätspolitik für Unternehmen, Wiesbaden 1996, S. 24.
4) Kosiol, E. : Die Unternehmung als wirtschaftliches Aktionszentrum, Einführung in die Betriebswirtschaftslehre, Reinbek bei Hamburg 1966, S. 15 ff.
5) Schmidt, R.-B. : Die Instrumentalfunktion der Unternehmung, ZfbF, 19. Jg.（1967）, S. 233-245. ; derselbe : Wirtschaftslehre der Unternehmung, Band 1, 2. Aufl., Stuttgart 1977, S. 48 ff.
6) Vgl. Krüger, W. : Theorie untenehmungsbezogener Konflikte, ZfB, 51. Jg.（1981）, S. 932.
7) それは、企業にとっては原価（Kosten）である。
8) Ulrich, H. : Die Unternehmung als produktives und soziales System, 2. Aufl., Bern und Stuttgart 1970, S. 166. Vgl. auch Bleicher, K. und Meyer, E. : Führung in der Unternehmung, Reinbek bei Famburg 1976, S. 14 ff. ; Schanz, G. ; Eine kurze Geschichte der Betriebawirtschaftslehre, Konstanz und München 2014, S. 63 ff.
9) Ulrich, H. : a. a. O., S. 114.

10) Becker, W., Baltzer, B. und Ulrich, P.： Wertschöpfungsorientiertes Controlling, Stuttgart 2014, S. 538.
11) これは企業の生産に参画することの対価として分配される報酬の原資の獲得ということを意味している。
12) Becker, W. und Baltzer, B. Die wertschöpfungsorientierte Controlling-Konzeption, Bamberger Betriebswirtschaftliche Beiträge 172, Bamberg 2010, S. 49 ff.
13) 第1図は、ベッカー等による図と彼らの説明を基にして作成された。
14) これに関しては、マズロー（Maslow, A. H.）によって提唱された個人に関する欲求理論が企業行動の説明に転用されている。同様のことはクリューガーの所説にも見られる。Vgl. hierzu Krüger, W.： a. a. O., S. 932 ff.
15) Becker, W. Baltzer, B. und Ulrich, P.： a. a. O., S. 54.
16) Becker, W. Baltzer, B. und Ulrich, P.： a. a. O., S. 55.
17) Becker, W. Baltzer, B. und Ulrich, P.： a. a. O., S. 57 ff.
18) Gälweiler, A.： Unternehmungsplanung, Frankfurt / New York 1986, S. 216 ; derselbe： Strategiscshe Unternehmensführung, 3. Aufl., Frankfurt/New York 2005, S. 26 ff.
19) Linde, F.： Krisenmanagement in der Unternehmung, Berlin 1994, S. 11. Vgl. Gälweiler, A.： Unternehmungsplanung, S. 246.
20) Becker, W. Baltzer, B. und Ulrich, P.： a. a. O., S. 58.
21) Gälweiler, A.： Strategische Unternehmensführung, S. 28 ff.
22) Becker, W. Baltzer, B. und Ulrich, P.： a. a. O., S. 58.
23) Becker, W. und Baltzer, B.： a. a. O., S. 14.
24) Becker, W.： Begriff und Funktion des Controlling, Bamberger Betriebswirtschaftliche Beiträge, Nr.106, Bamberg 1999, S. 2.
25) Becker, W.： a. a. O., S. 2 ; Becker, W. Baltzer, B. und Ulrich, P.： a. a. O., S. 56.
26) Becker, W. und Baltzer, B.： a. a. O., S. 15.
27) Becker, W.： a. a. O., S. 7 ; Becker, W. Baltzer, B. und Ulrich, P.： a. a. O., S. 57.
28) Becker, W. und Baltzer, B.： a. a. O., S. 15.
29) Becker, W. Baltzer, B. und Ulrich, P.： a. a. O., S. 57 ff. この「推進」という概念はルーカスツィーク（Lukasczyk, K.）の研究に由来する。彼は一般的な管理の機能として推進と凝集（Kohäsion）を指摘した。前者は集団の課題の遂行、所与の集団目標への接近あるいは外的な状況の克服に貢献する機能であり、後者は団結、集団の内的な存続ならびに秩序と活動可能性の維持に寄与する機能である（Lukasczyk, K.： Zur Theorie der Führer-Rolle, Psychologische Rundschau, 11. Jg, (1960), S. 183）。このような思考は、後年において、ブライヒャー（Bleicher, K.）等によって受け継がれた。Vgl. hierzu Bleichwe, K. und

Meyer, E.：a. a. O., S. 39 ff. und S. 159 ff.
30) Becker, W.：a. a. O., S. 2.
31) Becker, W. Baltzer, B. und Ulrich, P.：a. a. O., S. 60.
32) Becker, W. Baltzer, B. und Ulrich, P.：a. a. O., S. 60 ff.
33) Koordinationという語も用いられているが、Abstimmungは単なる調整以上の意味をもつものと考え、同調と訳した。
34) Becker, W. Baltzer, B. und Ulrich, P.：a. a. O., S. 74 ff.
35) Becker, W. Baltzer, B. und Ulrich, P.：a. a. O., S. 75.
36) Becker, W. Baltzer, B. und Ulrich, P.：a. a. O., S. 75.
37) Becker, W. Baltzer, B. und Ulrich, P.：a. a. O., S. 61.
38) Becker, W. Baltzer, B. und Ulrich, P.：a. a. O., S. 81.
39) Becker, W. Baltzer, B. und Ulrich, P.：a. a. O., S. 80.

第 III 部

補 論

第7章　生産・原価理論の歴史

I. 序

　経営学をこれまで支えてきた2つの柱あるいは経営学の大きな問題として、「価値の流れの問題」と「人と人の関係の問題」がある。前者は「原価の問題」であり、後者は「組織の問題」である。ところが、これらの問題は並列的な関係にあるのではない。いうまでもなく、企業の目標は利益の最大化であり、原価は利益のマイナスの構成要素であるから、その意味において、「原価の問題」は企業に関する本質的な問題領域に属するのである。また、組織は企業目標達成のための手段とみなされ得る。それゆえ、「原価の問題」と「組織の問題」の間には、目的と手段の関係があると言える。
　企業にとって本質的な問題である「価値の流れ」の問題を取り扱うのが生産・原価理論（Produktions- und Kostentheorie）である。したがって、それは経営学の主要な部分を形成するのであり、具体的には生産システムにおける投入（Input）、産出（Output）および変換過程（Transformationsprozess）に関する諸問題が取り上げられるのである。
　生産・原価理論は、従来は工業経営論（Industriebetriebslehre）の1つの主要な領域として位置づけられてきたが、近年においては生産経済論（Produktionswirtschaftslehre）の枠内で議論されることが多くなってきている。そのことは一般経営経済学（allgemeine Betriebswirtschaftslehre）に対する特殊経営経済学（spezielle Betriebswirtschaftslehre）の形成の問題と対応している。すなわち、1970年代の中頃から、それまでの制度論

(Institutionslehre)[1]に代わって機能論（Funktionslehre)[2]が重要視されるようになった[3]。その結果、生産・原価理論も機能論としての生産経済論の一部分を形成するものとみなされるようになってきたのである。しかしながら、工業経営の問題が重要でなくなったわけではなく、ほとんどすべての場合において、生産・原価理論の考察は工業経営を想定して行われている。しかして、「生産」の経済的な分析を課題としているのが生産経済論である。それゆえ、生産・原価理論は、機能論としての生産経済論の一部分領域として、工業経営における生産に関する投入・産出関係の分析を課題とするのである。

II. 原価の理論

ハイネン（Heinen, E.）は、1965年の書物[4]の中で原価の理論（Kostenlehre）の体系を示した。さらに、それが後年において補足された[5]。彼によると、原価概念（Kostenbegriff）、原価計算（Kostenrechnung）および原価理論（Kostentheorie）が原価の理論の3つの構成要素である（第1図を参照）。

1. 原価概念

原価概念は、複雑で多くの要因に規定される原価の現象を他の経営現象から分離するための基準としての役割を担っている。したがって、他の2つの構成要素である原価計算および原価理論の研究は、このような原価概念を基礎として成り立っているのである。

このような原価概念としては、価値的原価概念（wertmäßiger Kostenbegriff）と収支的原価概念（pagatorischer Kostenbegriff）が知られている。前者の場合、原価は給付生産のために投入された生産要素の費消量を貨幣額によって評価したものとして把握され、財の費消、給付関連性（経営目的関連性）および評価が原価を特色づける3つのメルクマールとされるのである。価値的原価概念の起源は、シュマーレンバッハ（Schmalenbach, E.）

第7章 生産・原価理論の歴史　151

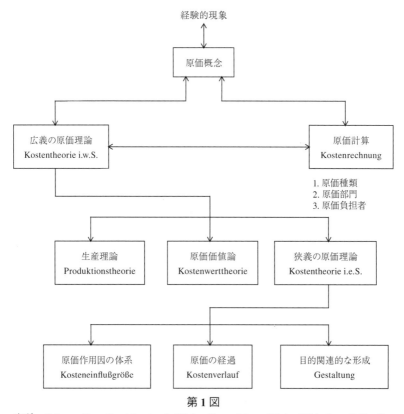

第1図

出所　Heinen, E.：Betriebswirtschaftliche Kostenlehre, Bd. 1, Wiebaden 1959, S.；derselbe：Produktions- und Kostentheorie, S. 217.

の1919年の論文[6]にまで遡ることができる。ハイネンは彼を「経営経済学的原価概念の創造者（Schöpfer）[7]」と称している。その後、シュマーレンバッハの原価概念は、シュマーレンバッハ自身によって[8]、さらに、ヴァルプ（Walb, E.）[9]、シュミット（Schmidt, F.）[10]、コジオール（Kosiol, E.）[11]などによって補強され、今日の原価概念のパラダイムの1つとなっている。また、原価を全面的に貨幣支出に関連させて把握しようとする収支的原価概念は、リーガー（Rieger, W.）の研究[12]にその源泉を求めることができるが、彼の後継者であるリンハルト（Linhardt, H.）やフェッテル（Fettel. J.）に

よっても主張された[13]。しかし、この収支的原価概念の妥当性を主張して有名にしたのはリーガーとは学説史上流れを異にするコッホ（Koch, H.）であった[14]。彼は、支配的とみなされ得る価値的原価概念を主観的な価値概念に基づく心理学的原価概念（psychologischer Kostenbegriff）として批判し、客観的な支出に基づく原価概念の妥当性を強く主張したのである。この支出的原価概念の主張をめぐって、エンゲルマン（Engelmann, K.）、ヘルト（Held, G.）、ツォル（Zoll, W.）などによって収支的原価概念論争が展開されたのである[15]。

2. 原価理論

原価理論は、原価に影響を及ぼす作用因の体系を明確にし、企業・経営管理者の意思決定がこれらの作用因に影響を及ぼすメカニズムを明らかにし（説明機能）、さらに、経営の原価状況を企業目標との関係で最適に形成する（形成機能）ことを課題とする。

この原価理論は、広義の原価理論（Kostentheorie i.w.S.）といわれるもので、それは、生産理論（Produktionstheorie）、原価価値論（Kostenwerttheorie）および狭義の原価理論（Kostentheorie i.e.S.）から構成される[16]。このことは原価が量的構成要素と価値的構成要素から成るということに照応している。

生産理論は、生産過程における生産要素の費消と量的収益の間の量的関係を分析することを課題としている。また、生産における時間の問題や生産技術的な弾力性の問題なども当該理論の考察範囲に含められる。このような、生産理論の課題を達成するために、生産関数（Produktionsfunktion）が利用される。生産関数によって生産過程に投入される生産要素の投入・費消量と量的給付の関係が明らかにされる。生産関数は生産理論における最も重要な研究対象であり、最も有用な用具であるといえる。

このような生産関数については古くから議論されているが、経営経済学において最も早くから定立されていた収益法則（Ertragsgesetz）またはA型生産関数、A型生産関数の非現実性を批判し、費消関数（Verbrauchsfunktion）に基づく生産関数を主張したグーテンベルク（Gutenberg, E.）のB型生産関数（1951年）[17]、さらに、綿密なコンセプトを基礎として、B型生産関数の

改良・拡張によってより現実的なものにしたハイネンのC型生産関数（1965年）[18]がよく知られている。また、レオンチェフ（Leontief, W.）による国民経済学的な投入・産出モデルを企業の問題に適用せんとしたもので、経営の生産構造を考察の中心とし、B型およびC型生産関数を包括するようなクローク（Kloock, J.）のD型生産関数（1969年）[19]、時間要素を考慮して生産関数の動学化を図ったキュッパー（Küpper, H.-U.）のE型生産関数（1979年）[20]、ネットワーク型の生産関数であって、財務経済的関係をも考慮の対象としたマテス（Matthes, W.）のF型生産関数（1979年）[21]が展開されている。

　原価の価値的構成要素を量的構成要素に関係づけることが評価（Bewertung）であるが、それによって量的な要素費消が貨幣的に写像され得るのである。原価価値論は、原価の価値的構成要素がいかにして決定されるかということを明らかにする。ハイネンが指摘しているように、原価価値論は最近になって注目されるようになった領域である[22]。また、レクサ（Lexa, H.）によると、今日に至るまで包括的な理論は展開されていない[23]。しかしながら、原価価値論の歴史がないわけではなく、主としてベーム＝バベルク（Eugen von Böhm-Bawerk）に代表されるオーストリア学派の主観的価値論（subjektive Wertlehre）[24]に根ざした理論が展開されてきた。たとえば、それは、シュマーレンバッハ、メレロヴィッツ（Mellerowicz, K.）、ブフィエ（Bouffier, W.）などの研究において看取され得るのである[25]。しかして、多くの論者は多かれ少なかれ利益最大化原理を基礎としているが、シュミットやハックス（Hax, K.）のように資本維持を基礎とする論者もある[26]。実際、評価を行う際に、さまざまな価値的数値（たとえば、取得価格、調達価格、内部管理価格など）が用いられるが、いかなる原価価値が選択されるかということは計算目的に依存するのであり、重要な意思決定事項なのである。このことを最も強調したのがハイネンであった。

　以上の如き生産理論と原価価値論が狭義の原価理論において統合される。換言すると、狭義の原価理論は生産理論と原価価値論という基礎の上に構築されているのである。生産理論によって得られる生産要素費消量を原価価値論で確定される価値的数値で評価することによって原価が得られるが、この

原価とそれに影響を及ぼす要因たる原価作用因の関係を明らかにすること、ならびに、最適な原価の形成を示唆することが狭義の原価理論の課題である。

原価理論については、総合的原価理論（synthetische Kostentheorie）あるいは分析的原価理論（analytische Kostentheorie）が区別される[27]。総合的原価理論は、全体経営を考察対象とし、もっぱら原価と操業ないし操業度の関係を考察してきた。それに対して、分析的原価理論は、経営の部分単位を考察の対象とし、原価と多様な原価作用因の関係を考察してきた。さらに、それぞれが生産理論を基礎とするものと生産理論を基礎としないものに細分され得る[28]。

総合的原価理論		分析的原価理論	
生産理論を基礎としないもの	生産理論を基礎とするもの	生産理論を基礎としないもの	生産理論を基礎とするもの
たとえば Schmalenbach Mellerowicz	たとえば von Stackelberg	たとえば Walther Henzel	たとえば Gutenberg Heinen

第 2 図

出所　Heinen, E.：a. a. O., S. 183.

これまで、生産理論を基礎としない総合的原価理論が伝統的原価理論といわれ、生産理論を基礎とする分析的原価理論が近代的原価理論といわれてきた[29]。

3. 原価計算

原価の一般的な分析は、最適な企業行動に関する理念型的な解を与えるに過ぎない。原価計算はこれを具体化するという補完的な機能を有している。すなわち、原価計算には、概念的に明確にされた原価現象を具体的・計算的に示し（算定機能）、実際の計画および統制に関する情報を企業・経営管理者にもたらす（最適化機能）という課題が与えられている[30]。

原価計算の歴史的展開は、その生成期においては簿記の歴史と密接に結びついていた[31]。しかして、原価を意識した思考の嚆矢は 14 世紀にまで遡るといわれている[32]。

技術的進歩に規定された工業化過程の始まりとともに、実践において原価計算への要請が高まることとなった。20世紀の初頭のことである。かかる事情に触発されて、ライトナー（Leitner, F.）やリーリエンタール（Lilienthal, J.）などの研究が生まれた[33]。しかし、学問的な研究業績ということになると、なんといってもシュマーレンバッハの一連の研究が大きな貢献をした。彼の所説は、多くの人々によって、さまざまな形において深化・発展させられているのである。その後、1933年から1945年までのナチスの時代においては、経済統制が強行され、学問的な研究は停滞したのである[34]。ナチスによる経済運営に貢献する原価計算制度の形成がもっぱら前面に出てきたからである。そして、第2次大戦後、国家による経済統制から解放されて、原価計算は新たな時代を迎えることになった。すなわち、さまざまな理論や手法が展開され、「原価計算は経営経済的な意思決定計算の本質的な構成要素となった[35]」と言われている。

ハイネンによると、ここで概説した原価の理論の3つの部分領域は同時に並列的に現れたのではなく、基本的には、①原価計算、②原価概念、③原価理論という順序で生成した[36]。

III. A型生産関数と分析的原価理論

1. A型生産関数

シュマーレンバッハやメレロヴィッツの原価理論においては、暗黙のうちにA型生産関数（収益法則）が前提とされていた。しかし、それは、グーテンベルクやハイネンの原価理論におけるように、生産理論という基礎の上に原価理論が構築されているということを意味するのではない。

A型生産関数は、テュルゴー（Turgot, A. R. J.）やチューネン（Heinrich von Thünen, J.）などによって、もともと農業における土地収穫逓減の法則として定立されていたものであるが、それが工業生産に関する法則に転用されたのである。この生産関数は、一定の物量的収益を要素投入量の多様な結合によって獲得することができるということを想定している。そのためには、①

生産要素が任意に分割可能であること、②生産要素が連続的に投入可能であること、③一定の範囲内において要素投入の自由な代替が可能であることが前提となるのである。かかる意味において、A型生産関数は代替的生産関数（substitutionale Produktionsfunktion）と言われる。

生産過程において、他の要素投入量が一定という条件の下で、1つの生産要素の投入量を自由に変化させることができ、したがって、固定的要素群（その投入量を $r_1, r_2, \cdots, r_{n-1}$ とする）と1つの変動的要素 (r_n) があるものとする。収益を x とすると、それは次のように表される。

$$x = f(\underbrace{r_1, r_2, \cdots, r_{n-1}}_{一定}, r_n)$$

したがって、x は r_n のみに依存する。その場合、変動的要素の投入量を連続的に増加させると、収益は、最初は逓増的に、次いで逓減的に増加する。やがて収益は最大点に達し、その後は要素投入量を増加させても収益の増加はマイナスになる。このようにして、周知のようなA型生産関数に基づくS字型の収益曲線が得られるのである。

2. シュマーレンバッハとメレロヴィッツの原価理論

上述の要素投入量に要素価格（$p_1, p_2, \cdots, p_n$）を乗じると、貨幣的生産関数（monetäre Produktionsfunktion）が得られる。

$$x = f(r_1 \cdot p_1, r_2 \cdot p_2, \cdots, r_n \cdot p_n)$$

要素投入量と要素価格の積は原価（K）であるから、$x = f(K)$ となる。そして、その逆関数を求めることによって、全体原価関数 $K = g(x)$ が得られるのである。総合的原価理論において1つの理念型とみなされた逆S字型の原価曲線は、このようにして根拠づけられるのである。

ドイツにおける本格的な原価理論の研究は、シュマーレンバッハの研究に始まるのであるが、とりわけ、1899年の論文[37]が原価理論の嚆矢とみなされている。この論文においては、原価範疇論や原価分解論の萌芽的なものがすでに見られる。その後において理論的な精緻化・深化のための努力が行われ、シュマーレンバッハの原価理論は1930年代には一応の完成を見ること

となった。彼の研究は多くの不備な点を有していたが、その鋭い問題意識と豊かな内容が、その後の原価理論研究に対して大きな影響を与えたのである。

　シュマーレンバッハは、原価を操業（度）に対する依存関係において考察した。そして、操業変動に対する原価変動の態様に基づいて、比例費、固定費、逓減費および逓増費という4つの原価範疇を指摘したのである。その際、操業以外の作用因の影響は考慮の外におかれていた。この4つの原価範疇は全体原価経過に関する問題でありながら、個々の原価種類に関する問題をも含んでいた。すなわち、彼の原価理論においては2つの問題が明確に区別されることなく、両者が混在していたのである。それで、彼の問題提起を契機として、1920～30年代におけるいわゆる原価範疇論争[38]が惹き起こされたことは周知のとおりである。

　さらに、シュマーレンバッハは、比例率（proportionaler Satz）を用いて、数学的原価分解を行い、全体原価を固定費部分と比例費部分に分解することを試みた。しかしながら、総合的原価理論の場合、直線の原価経過が前提とされていたのではないから、数学的原価分解によって得られたものは通常の意味における固定費と比例費ではない。しかして、シュマーレンバッハは、比例率＝得られるべき価格と考えていたので、上述の比例費部分は価格により補償される部分、正の固定費部分は価格によりなお補償されない部分、負の固定費は価格により過剰に補償される部分すなわち経営収益（Betriebsrente）にそれぞれ照応するのである。このように、原価理論においては当初より原価補償の問題が取り上げられていたということに注目したい。

　メレロヴィッツは、シュマーレンバッハ理論を受け継ぎ、これを深化し、総合的原価理論の体系の完成に大きく貢献した[39]。彼は、原価の問題を原価範疇論、原価法則論および原価補償論として展開した。これによって、「原価性格（Kostencharakter）の問題」と「全体原価の経過態様（Kostenentwicklung）の問題」が峻別されることになり、原価範疇論争の契機となったシュマーレンバッハのあの「偉大な混沌[40]」の整理・体系化に貢献したのである。

メレロヴィッツは、反応度（Reagibilitätsgrad）をメルクマールとして、個々の原価を固定費と変動費に区分し、前者を絶対的固定費と相対的固定費に、後者を比例費と不足比例費に細分した。そして、これらの個々の原価種類を合成し、それに反応度の変化と原価性格の変化という発想を結合して、逆S字型の全体原価経過を導き、それを原価法則という概念を用いて統一的に説明せんとした。そして、その際に前述の収益法則も根拠づけに用いられている。

さらに、メレロヴィッツは、全体原価曲線と売上高直線、そして、平均原価曲線と価格直線を対照させることによって、原価最小点、利用起点、利用限点、利益最大点、最低操業点、最高操業点などの価格政策・原価補償政策に関して重要な概念を明らかにした。また、価格下限に関して、回避可能原価と回避不可能原価というコンセプトを明示的に導入し、部分原価補償論を展開した。

IV. B・C型生産関数と分析的原価理論

1951年に、グーテンベルクによって総合的原価理論（伝統的原価理論）が根本的に批判され、新しい考察様式に基づく分析的原価理論（近代的原価理論）が提唱された。これによって、原価理論は新たな時代を迎えることとなったのである。

1. B型生産関数

すでに述べたように、A型生産関数（収益法則）はいくつかの仮定の上に定立されていたが、グーテンベルクはとりわけ生産要素の任意の代替的結合という仮定を否定し、A型生産関数が工業生産に中心的に妥当するものではないとの結論に達した。それで、現実の工業生産を説明し得る生産関数が求められることとなり、B型生産関数の妥当性が主張されたのである。

B型生産関数の場合、生産要素投入量の組み合わせは任意に変化させられ得ず、それが技術的に規定されているものとみなされる。したがって、この

生産関数は制限的生産関数（limitationale Produktionsfunktion）と言われるのである。そして、それぞれの経営部分単位の技術的特質は費消関数（Verbrauchsfunktion）によって表現される。すなわち、生産要素投入・費消量と生産量の関係はこの費消関数を通じて間接的に把握されるのである。

投入要素 i の費消量を r_i とすると、それは技術的特質とたとえば設備 j に対して要求される給付 d_j に依存する。技術的特質が不変であると仮定すると、r_i は、

$$r_i = f_i(d_j)$$

となる。d_j は生産量 (x) の関数であるから、$d_j = \phi_j(x)$ である。したがって、

$$r_i = f_i(\phi_j(x))$$

となる。これをすべての投入要素 $(i = 1, 2, \cdots, n)$ とすべての設備 $(j = 1, 2, \cdots, m)$ について考えると総費消量は次のようになる。

$$\sum_{i=1}^{n}\sum_{j=1}^{m} r_{ij} = \sum_{i=1}^{n}\sum_{j=1}^{m} f_{ij}(\phi_j(x))$$

2. グーテンベルクの原価理論

グーテンベルクは、個々の経営部分単位に関して費消関数を確定し、それに基づいて原価関数を導出せんとした。要素価格を p_i とすると、$r_i \cdot p_i$ は操業に依存する変動費 K_v であり、これに固定費 K_f を加えたものが全体原価 K である。

$$K = K_v + K_f = \sum_{i=1}^{n} p_i \cdot \sum_{i=1}^{n}\sum_{j=1}^{m} f_{ij}(\phi_j(x)) + K_f$$

グーテンベルクは、以上のような B 型生産関数と原価関数を基礎として原価理論を展開した。その際、彼は、原価作用因（Kosteneinflußgröße）として、操業の他に、要素質、要素価格、経営規模および生産プログラムを指摘し、それぞれの影響を個別的に考察している。

総合的原価理論においては、一義的に逆 S 字型の原価曲線が想定されていたが、グーテンベルクは、操業変動に対して実施される適応（Anpassung）によって、さまざまな原価経過が生起し得ることを指摘した。すなわち、適応形態として、強度による適応（intensitätsmäßige Anpassung）、時間的適応

（zeitliche Anpassung）および量的適応（qualititative Anpassung）が考えられており、いかなる適応方策が採用されるかということによって、原価は異なる経過を示すのである。

また、グーテンベルクは、生産能力の利用を基準として、固定費を有効費用（Nutzkosten）と無効費用（Leerkosten）に分けた。前者は利用される生産能力に対応する固定費部分であり、後者は利用されない生産能力に対応する固定費部分である。このことは、考察対象が経営の部分単位であることと同様に、彼の所説の管理論的性格の反映であるといえる。このようなコンセプトがその後の固定費理論に大きな影響を与えることになったのである。

3. C型生産関数

ハイネンによってC型生産関数が展開されている。それはB型生産関数を拡張したものである。すなわち、B型生産関数は生産要素の代替が許容されない制限的な生産過程にのみ妥当するのであるが、C型生産関数は、代替的生産過程および制限的生産過程のいずれにも妥当するものである。したがって、それは、A型およびB型生産関数に比べてより現実的で、多様な生産過程の現実を把握することができるのである。

C型生産関数の中心概念は基本結合（Elementarkombination）あるいはE結合と反復関数（Wiederholungsfunktion）である。E結合とは、投入と産出の量的関係が確定され得る最小の部分過程のことである。それは、①要素費消と技術的給付の間の関係が確定でき、②技術的給付と経済的給付の関係が確定できるという条件を満たす最小の部分過程である。そして、E結合を1回遂行することにより得られる産出量と要求される産出量の関係は、反復関数により表される。したがって、生産関数はE結合の1回の遂行ごとの投入・産出関係と反復関数により算定されるE結合の反復回数を結合することによって明らかとなるのである。

ハイネンは、E結合1回あたりの産出量が変化し得るか否か、要素投入量の代替が可能か否かということによって、4つの場合を考えている。①産出固定的・制約的E結合、②産出変動的・制約的E結合、③産出固定的・代替的E結合、④産出変動的・代替的E結合というのがそれらである。それ

ぞれの場合において、1回のE結合における技術的費消関数（要素費消と技術的・物理的給付の関係を明らかにする）と経済的費消関数（要素費消とE結合給付）が求められ、それによって要素費消量が確定されるのである。

E結合は、1回だけ遂行される場合もあるし、何回も遂行される場合もある。そこで、①第1次E結合、②第2次E結合、③第3次E結合という3つの反復類型が区別されるのである。第1次E結合は反復回数が産出量に直接的に依存するもので、通常の加工工程の場合が当てはまる。第2次E結合は工具の交換や機械の準備などに関するもので、反復回数はロット・サイズや生産スケジュールに依存し、産出量との関係は間接的である。第3次E結合は以上の2種類のE結合に属さないもので、清掃、洗浄、空調など一定の時間的間隔において行われねばならない準備過程などに関するもので、その反復回数は産出量とは関係がない。

以上の他に、反復関数に作用するものとしては、個々の機械への作業割当を示す配分係数、仕損係数、最終生産物と中間生産物の量的関係を表すプログラム係数などがある。

C型生産関数は次のように表すことができる。

$r_i = \sum_{j=1}^{m} r_{ij} \cdot w_j + r_i(t_i)$

r_i：投入要素 i の総費消量

r_{ij}：E結合を1回遂行する際の投入要素 i の費消量

w_j：E結合 j の反復回数

$r_i(t_i)$：投入要素 i の時間依存的な費消量

4. ハイネンの原価理論

上述の要素費消量 r_i を原価価値 p_i で評価すると原価が得られる。それをすべて合計したものが全体原価 (K) である。

$K = \sum_{i=1}^{n} p_i \cdot (\sum_{j=1}^{m} r_{ij} \cdot w_j + r_i(t_i))$

ハイネンによると、広義の原価理論という枠組みにおいて、生産理論、原価価値論および狭義の原価理論が一体化されて展開されねばならない。とくに、投入要素の評価問題したがって原価価値をきわめて重視するのがハイネ

ン理論の特徴であるといえる。というのは、投入要素の費消量を適切な原価価値で評価することによって、生産要素を最も合目的的に利用することが可能となるからである。すなわち、要素費消量の評価は独自の意思決定事項であり、原価価値は管理機能（Lenungsfunktion）を担うのである。彼は、原価価値として、投入要素の利益貢献すなわち限界利益（Grenzgewinn）たるシャドウ・プライスを用いることを提唱している。しかし、状況に応じて調達価格や売却価格が用いられるという可能性にも言及されている。

原価作用因に関して、ハイネンは、企業・経営管理者の意思決定により作用されるものと作用されないものを区別している。当然のことながら、前者が重視される。そして、それらは生産関数と原価関数に明確な形で組み入れられる。彼の指摘する原価作用因は次の如くである。

①原価価値
②生産プログラム：種類的構成、量的構成、時間的配分
③生産技術および組織
 a. 設備などの構成：潜在要素の種類的構成、潜在要素の量的構成、潜在要素の空間的配置
 b. 製造過程：機械および労働者への作業配分、反復要素の選択、自己製造か外部購入かの決定、生産深度、在庫、ロット・サイズ、E結合あたりの産出量、強度、給付準備

ただし、操業はそれぞれのパラメータの問題に分解されて生産関数および原価関数に組み入れられるのであり、独立の原価作用因とはみなされない。

V. 固定費問題と固定費理論

生産能力利用（Kapazitätausnutzung）が生産能力（Kapazität）を著しく下回る場合、すなわち、大きな過剰能力が発生すると、企業は重い負担を課せられることになる。それが1つの問題として認識されるのである。それが固定費問題（Fixkostenproblem）に他ならない[41]。その具体的な内容は「無効費用による企業の収益性と流動性の圧迫」である。このような問題に直面し

ている企業は、企業目標を達成するため、また、企業存立の要件を確保するために、何らかの形でこの問題に対処しなければならないのである。問題とされるべきなのは、生産能力利用と生産能力の乖離が著しいということである。したがって、両者を均衡させるような方策が求められるのである。具体的には、生産能力利用を大きくする方策と、生産能力を小さくする方策が考えられる。前者は、固定費の利用管理に関する方策であり、後者は固定費の発生管理に関する方策である[42]。以上のような固定費の管理（利用管理、発生管理）は、生産領域での問題を生産領域において克服せんとするものであり、その意味において生産的適応とみなすことができる。それに対して、生産領域での問題を販売領域で克服せんとする方策がある。それが固定費の補償に関する方策であって、非生産的適応とみなされ得るのである。

固定費理論は、固定費および固定費問題をその考察の対象とするが、それは、固定費問題に対処するための方策のいずれに着目するかということによって、固定費管理論と固定費補償論に分けることができる[43]。さらに、前者は固定費の利用管理を中心的に考察する生産能力理論と固定費の発生管理に注目する固定費除去理論に細分されるのである[44]。

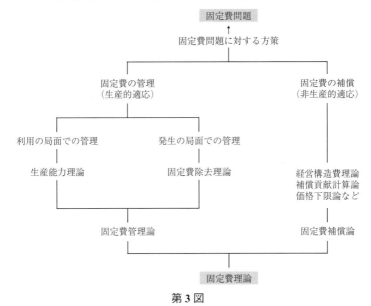

第3図

生産能力理論的考察の歴史は古く、生産能力利用の増進については20世紀の初めから繰り返し強調されてきた[45]。しかし、生産能力そのものを考察の対象とし、これを厳密に測定・管理し、そのことにより生産能力利用度を上昇させることの重要性を強調し、その後の研究の範例となったのは1962年のケルン（Kern, W.）の研究[46]である。また、グーテンベルク的な枠組みに基づいて、固定費除去問題を企業管理者の意思決定の問題として初めて体系的に取り上げたのは、ジュッフェルクリュップ（Süverkrüp, F.）の研究[47]であり、彼の所説は1970年代以降の経営休止論に大きな影響を与えている。さらに、固定費補償については、価格下限（Preiuntergrenze）の問題として1920年代から論じられてきたが、独特の思考に基づいて、これを明示的に主張したものとして有名なのは、シュヌーテンハウス（Schunutenhaus, O. R.）およびその後継者であるクルツ（Kurz, I.）などの研究[48]である。また、最近のバックハウス（Backhaus, K.）やフンケ（Funke, S.）などの研究[49]もこの範疇に属するといえる。

なお、これらの問題を考察する際の基礎的な理論としては、キュルピック（Kürpick, H.）によるあの金字塔的な研究[50]が看過されてはならない。彼は操業に依存しない原価としての固定費を絶対的に把握することを主張し、その後の固定費理論に大きな影響を与えている。

VI. 結

20世紀は大量生産体制が確立した100年であった。それは生産能力増強に基づく生産の大規模化によってもたらされた。生産能力の拡大は、固定費の増加すなわち生産費に占める固定費の比率の上昇を必然的に伴う。このことはいわば両刃の剣であって、景気後退や経済的陳腐化などの理由により著しく需要が減少すると、企業にとってきわめて危険な状況を招来するのである。上述の固定費問題が生起するからである。さまざまな意味において、企業は、かかる事態を正しく認識し、これに適切に対処しなければならないのである。生産・原価理論はこのような実践的な問題に根ざして生成・発展し

てきたのである。すなわち、生産能力および固定費の管理の問題を中心として理論が形成されてきたといえる。このような生産・原価理論の生成を基礎づけた問題それ自体は、今日においても何ら変わっておらず、21世紀においても重要であり続けるであろう。

他方では、20世紀末から新たな問題も生じてきている。たとえば、地球環境の問題などがそれである。この問題は、すでに生産・原価理論の教科書においてもさまざまな形で取り上げられており[51]、また、グーテンベルク関数にエコロジー的要素を編入することの必要性なども主張されている[52]。生産・原価理論は今後ますます地球環境の問題を考慮せざるを得なくなるであろう。さらに、近年において生産のあらゆる局面においてコンピュータが利用されるようになり、また、情報技術（Information Technology）がにわかに注目されるようになってきた。このことが企業を大きく変貌させようとしている。それに伴う諸問題をどのように理論に取り入れるかということなども今後に残された課題である。

注

1) この場合、工業経営論、手工業経営論、商業経営論、銀行経営論。保険経営論、交通経営論などが特殊経営経済学とみなされる。
2) この場合、調達経済論、生産経済論、販売経済論、財務経済論などが特殊経営経済学とみなされる。
3) Kern, W. : Die Produktionswirtschaft als Erkenntnisbereich der Betriebswirtschaftslehre, ZfbF, 28. Jg.（1976）, S. 756 ff.
4) Heinen, E. : Betriebswirtschaftliche Kostenlehre, Band I, 2. Aufl., Wiesbaden 1965.
5) Heinen, E. : Produktions- und Kostentheorie, Wiesbaden 1976, S. 216 ff.
6) Schmalenbach, E. : Selbstkostenrechnung I, ZfHF, 13. Jg.（1919）, S. 267 ff.
7) Heinen, E. : Die Kosten, Saarbrücken 1956, S. 41.
8) z. B. Schmalenbach, E. : Selbstkostenrechnung und Preispolitik, 6. Aufl., Leipzig 1936.
9) Walb, E. : Zur Theorie der Erfolgsrechnung, ZfHF, 17. Jg.（1923）, S. 416 ff.
10) Schmidt, F. : Kalkulation und Preispolitik, Berlin und Wien 1930.
11) Kosiol, E. : Kritische Analyse der Wesensmerkmale des Kostenbegriffs, in : Kosiol,

E. und Schlieper, F. (Hrsg.): Betriebsökonomisierung durch Kostenanalyse, Absatzrationalisierung und Nachwuchserziehug, Köln und Opladen 1958, S. 7 ff.
12) Rieger, W.: Einfühlung in die Privatwirtschaftslehre, Nürnberg 1928.
13) Linhardt, H.: Kosten und Kostenlehre, in: Aktuelle Betriebswirtshaft, Festschrift für K. Mellerowicz, Berlin 1952, S. 43 ff.; Fettel, J.: Ein Beitrag zur Diskussion über den Kostenbegriff, ZfB, 29. Jg. (1959), S. 567 ff.
14) Koch, H.: Zur Diskusion über den Kostenbegriff, Zfhf, 10. Jg. (1958), S. 355 ff.; derselbe: Grundprobleme der Kostenrechnung, Köln und Opladen 1966. ただし、コッホは、目的制約的仮説および前提制約的仮説を導入することによって、支出を伴わない原価を認める可能性に言及している。
15) Engelmann, K.: Einwände gegen den pagatorischen Kostenbegriff, ZfB, 28. Jg. (1958), S. 558 ff.; derselbe: Vom "Gelddenken" in der Betriebswirtschaft, ZfB, 29. Jg. (1959), S. 166 ff.; Held, G.: Traditioneller oder pagatorischer Kostenbegriff?, ZfB, 29.Jg. (1959), S. 170 ff.; Zoll, W.: Kostenbegriff und Kostenrechnung, ZfB, 30. Jg. (1960), S. 15 ff. und 96 ff. なお、この論争については、平林喜博『原価計算論研究』同文舘、1980年、10ページ以下を参照。
16) Heinen, E.: Produktions- und Kostentheorie, S. 216 ff.
17) Gutenberg, E.: Grundlagen der Betriebswirtschaftslehre, Bd. 1, Berlin, Göttingen und Heidelberg 1951.
18) Heinen, E.: Betriebswirtschaftliche Kostenlehre, Band 1, Wiesbaden 1965.
19) Kloock, J.: Betriebswirtschaftliche Input-Output-Modelle, Wiesbaden 1969.
20) Küpper, H.-U.: Dynamische Produktionsfunktion der Unternehmung auf der Basis des Input-Output-Ansatzes, ZfB, 49. Jg. (1979), S. 93 ff.
21) Matthes, W.: Dynamische Einzelproduktionsfunktion der Unternehmung (Produktionsfunktion vom Typ F), betriebswirtschaftliches Arbeitspapier Nr. 2, Universität zu Köln 1979.
22) Heinen, E.: Betriebswirtschaftliche Kostenlehre, 6. Aufl, Wiebaden 1983, S. 395.
23) Lexa, H.: Kalkulatorische Bewertung, in: Grochla, E. und Wittmann, W. (Hrsg.): Handwörterbuch der Betriebswirtschaft, 4. Aufl., Stuttgart 1984, Sp. 834.
24) Vgl. z. B. Eugen von Böhm-Bawerk: Grundzüge der Theorie des wirtschaftlichen Güterwertes, Jahrbuch für Nationalökonomie und Statistik, Neue Folge, Bd.13, 1886.
25) Bouffier, W.: Die Verrechnungspreie als Grundlage der Betriebskontrolle und Preisstellung, Frankfurt a.M. 1928; Schmalenbach, E.: Pretiale Wirtschaftslenkung, 1. Bd., Bremen-Horn 1947; deselbe: Pretiale Wirtschaftslenkung, 2.Bd., Bremen-Horn 1948; Mellerowicz, K.: Wert und Wertung im Betrieb, Essen 1952; Bouffier, W. Grundprizipien der Bewertung, in: Seischab, H. und Schwantag, K.

(Hrsg.) : Handwöterbuch der Betriebswirtschaft, Band I, 3. Aufl., Stuttgart 1959, Sp. 1068 ff.
26) Schmidt, F. : Die Industriekonjunktur ein Rechenfehler, Berlin 1927 ; Hax, K. : Die Substanzerhaltung der Betriebe, Köln und Opladen 1957.
27) Heinen, E. : a. a. O., S. 173 ff.
28) Heinen, E. : a. a. O., S. 182 f.
29) 尾畑 裕『ドイツ原価理論学説史』中央経済社、2000 年、225 ページ。
30) Heinen, E. : a. a. O., S. 38.
31) Dorn, G. : Geschichte der Kostenechnung, in : Chmielewicz, K. und Schweizer, M. (Hrsg.) : Handwörterbuch des Rechnungswesens, 3. Aufl., Stuttgart 1993, Sp. 722.
32) Pendorf, B. : Die Anfänge der Betriebsbuchhaltung, ZfhF, 24. Jg.（1930）, S. 627 ff.
33) Leitner, F. : Die Selbstkostenrechnung industrieller Betriebe, Frankfurt a. M. 1905 ; Lilienthal, J. : Fabrikorganisation, Fabrikbuchführung und Selbstkostenechnung der Firma Ludw. Loewe & Co., Berlin 1907.
34) Dorn, G. : a. a. O., Sp. 727.
35) Dorn, G. : a. a. O., Sp. 728.
36) Heinen, E. : a. a. O., S. 24.
37) Schmalenbach, E. : Buchführung und Kalkulation im Fabrikgeschäft, Deutsche Metallindustriezeitung, 15. Jg.（1899）, S. 98 f., S. 106 f., S. 115 ff., S. 124 f., S. 130 f., S. 138 f., S. 147 f., S. 156 f., S. 163 ff., S. 171 f.
38) Vgl. z. B. Lorenz, S. : Kostenauflösung, ZfB, 4. Jg.（1927）, S. 420 ff. ; Maletz, J. : Kostenauflösung, ZfHF, 20. Jg.（1926）, S. 292 ff. ; Moll, W. : Kosten-Kategorien und Kostengesetz, Stuttgart 1934.
39) Mellerowicz, K. : Kosten und Kostenrechnung, Bd. I, Berlin und Leipzig 1933.
40) 溝口一雄「メレロヴィッツの費用理論」海道 進・吉田和夫編著『ドイツ経営学説史』ミネルヴァ書房、1968 年、159 ページ。
41) これに関しては、深山 明『ドイツ経営補償計画論』森山書店、1995 年、4 ページ以下、深山 明「固定費と操業リスク」『同志社商学』第 51 巻第 3 号、2000 年、142 ページ以下を参照。
42) 深山 明、前掲書、6 ページ以下を参照。
43) それは、原価理論が原価管理の理論と原価補償の理論から成っているのと同様である。これに関しては、久保田音二郎『原価計算論』1951 年、2 ページおよび 14 ページ以下を参照。
44) いわゆる経営休止論は固定費除去理論の範疇に含まれる。
45) 多くの論者がこれに言及しているし、また、この問題はシュマーレンバッハ協会の大会（Schmalenbach-Tagung）のテーマとしてもしばしば取り上げられ、

議論された。
46) Kern, W. : Die Messung industrieller Fertigungskapazitäten und ihrer Ausnutzung, Köln und Opladen 1962.
47) Süverkrüp, F. : Die Abbaufähigkeit fixer Kosten, Berlin 1968.
48) Schnutenhaus, O. R. : Neue Grundlagen der "Feste"-Kostenrechnung, Berlin 1948 ; Kurz, I. : Das Wesen der verschiedenen Fixkostentheorien und ihre Verwertungsmöglichkeiten für betriebliche Preispolitik, Berlin 1969.
49) Backhaus, K. und Funke, S. : Fixkostenintensität und Kostenstrukturmanagement, Controlling, 6. Jg.（1994）, S. 124 ff. ; dieselben : Auf dem Weg zur fixkostenintensiver Unternehmung?, ZfbF, 48. Jg.（1996）, S. 95 ff. ; dieselben : Mangementherausforderungen fixkostenintensitiver Unternehmen, KRP, 40. Jg.（1996）, S. 75 ff. ; dieselben : Fixkostenmanagement, in : Franz, K.-P. und Kajüter, P.（Hrsg.）: Kostenemangement, Stuttgart 1997, S. 30 ff. ; Funke, S. : Fixkosten und Beschäftigungsrisiko, München 1995.
50) Kürpick, H. : Die Lehre von der fixen Kosten, Köln und Opladen 1965.
51) Vgl. z. B. Steffen, R. : Produktions- und Kostentheorie, 2. Aufl., Stuttgart・Berlin・Köln 1993. 平林喜博・深山 明訳『シュテフェン生産と原価の理論』中央経済社、1995年。
52) Steven, M. : Die Einbeziehung des Umweltfaktors in die Gutenberg-Produktionsfunktion, ZfB, 64. Jg.（1994）, S. 1491 ff.

第8章　グーテンベルク生産論の意義

I．序

　ドイツの1920～30年代すなわち第1次大戦に続くヴァイマル時代からナチス期に至る時期は、ドイツ経営経済学の黄金時代であった。かつて4大巨頭といわれたシュマーレンバッハ(Schmalenbach, E.)、ニックリッシュ(Nicklisch, H.)、シュミット（Schmidt, F.）およびリーガー（Rieger, W.）が活躍したのはこの時代であった。これらの4人の巨匠の思考はさまざまな形で現在の経営経済学において継承されている。

　上述の4大経営経済学者の研究は、いずれも、1920～30年代のインフレ、合理化運動、経済恐慌、戦時経済体制を背景としている。グーテンベルク(Gutenberg, E.) は、この時代のドイツ企業の実践的要請に基づく①原価の問題、②計算制度の問題、③販売経済の問題という3つの問題を指摘し、それらが経営経済学の主要領域を形成するということを述べた[1]。経営経済学の主たる問題はこの時期の経済的事実に根差して生成したのである。

　グーテンベルクは、第2次大戦後に、3つの問題のうちの原価の問題について考察した研究を明らかにした。それが『経営経済学原理』（第1巻、生産篇）である[2]。それは1951年のことで、ドイツ経済が高度成長期の幕開けを迎える頃であった。この研究はさまざまな意味において画期的であった。たとえば、「（グーテンベルクの所論は－引用者）従来の原価理論とはまったく異なった構想のもとに構築され、ドイツ経営経済学に新風を吹き込んだ[3]」と言われるとおりである。しかして、彼の研究に対するメレロ

ヴィッツ（Mellerowicz, K.）の批判[4]に端を発して、いわゆる原価論争が始まり、それがやがて経営経済学の方法論争へと発展したことは周知のとおりである。

本章においては、グーテンベルク経営経済学の体系の中でも主要な部分を形成している生産論をめぐる問題について明らかにする。彼の生産論は生産要素論、生産要素結合論および経営類型論から構成されており、これらの諸問題が考察の対象となる。以下では、今日の経営経済学の理論的レベルを踏まえながら、彼の理論の意義について考察することにしたい。

II．グーテンベルク生産論の構成

グーテンベルクの生産論の源泉は、1920年代における合理化過程に求めることができる[5]。彼が1929年に最初の著書である『経営経済理論の対象としての企業[6]』を世に問うたことは周知のことである。この研究は、企業の現実問題を自覚して、それに基づく経営経済学の体系化を意図した書物であった。グーテンベルクは企業を諸量の複合体（ein Komplex von Quantitäten）として把握し、このような理論的認識に基づいて数量的諸問題を捉えることに経営経済学の目的があると考えた[7]。このような考察様式は、後年まで変わることなく、終始一貫してグーテンベルクの理論を貫いていたのである。そして、彼は、「個別経済としての企業がいかにしてそのような理論（＝経営経済理論－引用者）の対象となり得るか[8]」ということの解明に腐心したのであった。

複雑多様な現実の企業は、いかにして把握され得るか。いうまでもなく、限られた能力しか持ち合わせていない人間が、そのような企業を直接的に一挙に把握することは不可能である。然るべき認識の手段が必要である。そのために追求されるのが「経験的実在の思惟的整序（denkende Ordnung der empirischen Wirklichkeit）[9]」である。このような認識に基づいて、グーテンベルクの経営経済学は構築されたのである。

グーテンベルクにとって認識の手段となっているのは経営過程

（Betriebsprozess）あるいは経営経済的過程（betriebswirtschaftlicher Prozess）であって、それが理論的な出発点となっている[10]。グーテンベルクは、実物財とサービスを生産・販売するための調達、生産および販売という一連のプロセスを経営過程とみなしている。それは、今日の経営経済学において価値創造過程（Wertschöffungsprozess）といわれている概念に相当する。グーテンベルクはかかるプロセスを生産要素が結合されるプロセスすなわち結合過程（Kombinationsprozess）として把握しており、それが認識の拠点になっているのである。このように経営過程をあくまでも結合過程として捉えることがグーテンベルク理論の真骨頂であり、彼の経営経済学の本質がそこにあると言える。

このように、グーテンベルク生産論の特徴は生産要素の結合という理論的認識に見られ、それは「徹底して要素論的である[11]」といわれた。実際、彼にあっては、経営が生産要素の体系（System der produktiven Faktoren）として理解されており、結合過程が「生産性の関係（Produktivitätsbeziehung）[12]」の問題として捉えられている。それが「経営活動の基本関係[13]」となるのである。それゆえ、いかなる生産要素がいかようにして結合されるのかということが重要であり、生産要素の体系と生産要素の結合が主要問題として意識され、それらがそれぞれ生産要素論および生産要素結合論としてグーテンベルク生産論の中核的な部分を形成しているのである。

今日の生産理論では、生産システムは投入（Input）、生産過程（Produktionsprozess）および産出（Output）という3つの要素から構成されるものと考えられている。生産過程は投入された生産要素が結合される過程であり、変換過程（Transformationsprozess）とも称される。グーテンベルクの所説における結合過程は、生産システムのみならず、価値創造過程における調達および販売をも含むきわめて広い概念である。したがって、グーテンベルクにあっては、企業がそのような意味における結合過程として説明されているのである。

すでに述べたように、グーテンベルクの生産論は、生産要素論、生産要素結合論および経営類型論から構成されている。

生産論の第1の構成要素は生産要素論である。結合過程の定性的分析を

担っているのがこの生産要素論である。それにおいては、結合される客体と結合を行う主体の体系が明示される。そして、生産要素の最適な結合が行われるための諸条件が追求されている。

次に、生産要素の体系を基礎として、第2の構成要素たる生産要素結合論が考察の対象とされている。それは結合過程における結合現象そのものを定量的に分析することを課題とする。そして、生産要素結合の数量的側面を対象とする生産関数論と価値的側面を対象とする原価理論（Kostentheorie）が生産要素結合論の主たる内容となっている。

ハイネン（Heinen, E.）は、原価の理論（Kostenlehre）が原価概念（Kostenbegriff）、広義の原価理論（Kostentheorie i.w.S.）および原価計算（Kostenrechnung）から成るものと考えた[14]。さらに、広義の原価理論は、生産理論（Produktionstheorie）、原価価値論（Kostenwerttheorie）および狭義の原価理論（Kostentheorie i.e.S.）に細分され得る。このことは原価（Kosten）が量的構成要素と価値的構成要素から成るという事実と照応している。すなわち、生産要素結合の量的構造を対象とするのが生産理論であり、生産要素結合の価値的構造を考察するのが狭義の原価理論である。そして、投入要素量の評価（Bewertung）を通じて両者の橋渡しをするのが原価価値論である。

ハイネンによって示されたこのような体系に則してグーテンベルクの生産論を説明すると、以下のようになる。生産要素結合論の一部たる生産関数論と生産要素論は生産理論の範疇に属する。また、生産要素結合論のいま1つの部分は狭義の原価理論に相当する。原価の価値的構成要素の決定問題を論じる原価価値論はグーテンベルクの所論には見られない。しかしながら、彼は3大原価決定要因（drei großen Kostendeterminanten）[15]の1つとして要素価格（Faktorpreis）を重視している。また、要素価格は主要な5つの原価作用因（Kosteneinflußgrößen）の1つともみなされ、重要な地位を与えられている。このように考えると、原価の価値的構成要素の重要性したがって原価価値論的なものの意義が視野に入れられていたということは明白である[16]。このことは、それまでの理論には見られない特色であると言える。要するに、グーテンベルクの生産論はハイネンの提示している広義の原価理論にあた

る。

　グーテンベルク生産論の第3の構成要素たる経営類型論をどのように理解するべきか。すでに明らかなように、グーテンベルクは経営を生産要素の体系として捉え、生産要素の結合を問題とした。彼は単なる経営を考察の対象としていたのか。この問題をめぐっては、彼の経営経済学の対象が、企業（1929年）→経営（1951年）→企業（1966年）という如くに変遷したという見解もある[17]。しかしながら、「グーテンベルク経営経済学を形式上はともかく、実質的には企業経済学（Unternehmungswirtschaftslehre, Wirtschaftslehre der Unternehmung）として特色づけたい[18]」といわれるように、グーテンベルク経営経済学の考察対象はつねに資本主義経済における典型的な経営としての企業であると考えることができる[19]。

　それゆえ、生産要素の結合は、超歴史的かつ超社会的な経営において行われるのではなく、それは、現実に存在する企業において行われるのである。したがって、それは資本主義的生産の一環としての企業における生産要素結合なのである。そのような論理を展開するためには、無色透明・無味無臭の単なる経営が意味づけられなければならない。そのための根拠を提供するのが経営類型論である。

　経営類型論によると、経営は、生産要素の体系、経済性原理および財務的均衡原理という体制無関連的事実（systemindifferne Tatbestände）によって規定される。それゆえ、経営とは経済性原理と財務的均衡原理に基づく生産要素の体系ということになる。しかし、それはあらゆる経済体制に共通する性格をもち、具体的なものとして現実に存在するものではない。かかる経営を意味づけるのが、体制関連的事実（systemdifferente Tatbestände）である。すなわち、単なる経営が、資本主義経済体制関連的事実（自律原理、営利経済原理、単独決定原理）と関連づけられることによって、資本主義経済体制に固有の経営類型たる企業として認識されるのである。すなわち、「経営は、グーテンベルクによれば、決してそれ自体として存在するのではなく、何らかの具体的な経営類型＝企業となって現れざるをえないのである[20]」と言われるとおりである。それゆえ、経営類型論はグーテンベルクの考察対象を明確にするという重要な役割を担っているのであって、それはあくまでも生産

論の重要な部分として理解される必要がある。換言すると、それは生産論の一部として取り上げられることに意義を認めることができる。このような論理によって、経営過程が企業における結合過程として意味づけられることとなるのである[21]。

Ⅲ. 生産要素論

生産要素は、基本要素（Elementarfaktor）、処理的要素（dispositiver Faktor）および付加的要素（Zusatzfaktor）から成っている[22]。

基本要素としては、管理職能を遂行しない人間労働給付（＝対象関連的労働給付）、広義の経営手段（Betriebsmittel）および材料が挙げられる。この場合、広義の経営手段は、狭義の経営手段（機械、装置、建物、工具など）と経営材料（エネルギー、冷却材、潤滑材など）に、材料は原材料、補助材料および外部から購入される中間生産物などに細分され得るのである。また、処理的要素とは、管理職能を遂行する人間労働給付のことである。それは基本要素を結合するという意味で結合的要因（kombinativer Faktor）とも称される。

以上のような生産要素は、生産過程における費消態様の相違により、費消要素（Verbrauchsfaktor）あるいは反復要素（Repetierfaktor）と潜在要素（Potentialfaktor）に分けられる。

費消要素（反復要素）は、生産過程に投入されると即座に費消され、再び生産に利用することができないものである。これには、材料と経営材料が属する。さらに、この費消要素は生産物の実体を構成するもの（原材料、補助材料）と生産物の実体を形成しないもの（経営材料）に分けられる。また、後者は生産過程の遂行に必要なものと生産設備等の維持のために必要なものとに細分され得る。

潜在要素とは、生産過程において特定の働きをするもので、生産物の実体を形成するものではない。かかる生産要素は長期にわたって徐々に費消され、繰り返し生産に用いられ得るのである。潜在要素は物的潜在要素（狭義

の経営手段）と人的潜在要素（人間労働給付）に細分される。

　上述の基本要素と処理的要素の他に、なお一群の生産要素がある。それらは、数量で明確に捉えられないもので、付加的要素という集合概念で表現される。国家、地方自治体、保険会社、コンサルタントなどから得られるサービスがこれにあたる。以上において述べてきたことは、第1図のように示すことができる。

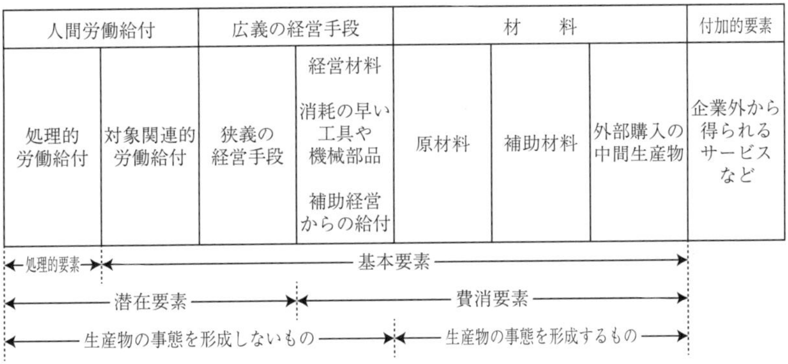

人間労働給付		広義の経営手段		材　料			付加的要素
処理的労働給付	対象関連的労働給付	狭義の経営手段	経営材料 消耗の早い工具や機械部品 補助経営からの給付	原材料	補助材料	外部購入の中間生産物	企業外から得られるサービスなど

←処理的要素→←─────────基本要素─────────→
　　　　　←──潜在要素──→←──────費消要素──────→
←───生産物の事態を形成しないもの───→←─生産物の事態を形成するもの─→

第1図

　以上において示したような生産要素の体系の基礎はグーテンベルクによってもたらされたのである[23]。彼は、まず、基本要素（対象関連的人間労働給付、経営手段および材料）と処理的要素を区別した。そして、これらの3種類の基本要素の最適生産性条件（optimale Ergiebigkeit）が詳細に考察されている。生産要素は、生産物の生産のために生産過程に投入されるものであるが、すでに述べたように、グーテンベルクの所論においては、生産システムを中心として調達および販売をも含む経営過程が結合過程として把握されている。かかるプロセスにおいて生産要素が結合されるのである。ところが、生産要素は自動的に結合するわけではない。生産要素結合の客体と主体を明示する必要がある。この場合、客体は基本要素であり、主体は結合的要因としての処理的要素である。グーテンベルクは、この処理的要素の重要な意義に着目して、これを第4の生産要素とみなしたのである。そして、彼は「その職分（第4の生産要素の職分）は、採取経営と用役給付経営においては労

働給付と経営手段という2種類の生産要素を、工業経営においてはさらに材料を加えた3種類の要素を結合して、十分に機能する経営単位を形成することである[24]」と述べている。そのような経営単位において生産要素の結合が行われるのである。この処理的要素の職分は、本来的には、業務・経営管理（Geschäfts- und Betriebsleitung）である。そのための手段として、計画策定（Planung）、組織（Organisation）および統制（Kontrolle）が考えられており、これらは派生的要素とみなされている。

グーテンベルクが提示した基本要素に相当するものは、すでに1928年のヘルヴッヒ（Hellwig, A.）の研究[25]の中に見られる。そこでは、生産要素として材料、労働力および生産手段を挙げられている。彼の研究は、その書名『経済的経営管理の新しい道』からも察せられるように、新たな経営管理の在り方を模索するものであるが、処理的要素あるいは管理要素を生産要素とはみなしていない。あくまでも、3つの生産要素の指摘にとどまっているのである。第4の生産要素としての処理的要素という思考は、グーテンベルクの研究の出現を待たなければならなかった。

Ⅳ. 生産要素結合論（その1）－生産関数論

生産理論は、生産過程における生産要素投入・費消量と量的収益（産出）の関係を分析・説明することを課題としている。その際、投入と産出の間の量的関係が生産関数（Produktionsfunktion）で表されることとなる。生産関数は、生産理論における最も重要な部分であり、同時にきわめて有用な用具であると言える。

いま、n 種類の生産要素を考え、それらの投入量を $r_1, r_2, \cdots, r_n$ とする。また、m 種類の生産物が生産されるものとし、その産出量を $x_1, x_2, \cdots, x_m$ とする。この場合の生産関数は、

$$x_1, x_2, \cdots, x_m = f(r_1, r_2, \cdots, r_n)$$

と表すことができる。これは産出志向的な生産関数といわれるもので、生産量の生産要素投入量に対する依存関係を表現するものである。この他に、生

産関数は、投入志向的な生産関数や陰関数の形での生産関数として説明され得るが、実践においては、生産の幅（Produktionsbreite）と生産深度（Produktionstiefe）を規定する生産プログラムが意思決定事項となるので、一般に産出志向的な生産関数が用いられている。ただし、通常は、簡略化のために単種生産物経営が前提とされるので、生産物は一種類と考えられ、次のように表される。

$x = f(r_1, r_2, \cdots, r_n)$

　このような生産関数が経営経済学において本格的に取り上げられるようになったのは、グーテンベルクの生産論以降のことである。それまでのシュマーレンバッハ（Schmalenbach, E.）やメレロヴィッツなどのいわゆる伝統的原価理論においては、原価理論が生産理論によって基礎づけられておらず、したがって、原価関数が生産関数に基づくものではなかったのである。この点に、グーテンベルクの生産論の画期的な特徴が看取され得るのであって、そのことが伝統的原価理論とグーテンベルク原価理論の決定的に異なる点であるとみなされている[26]。

　グーテンベルクの理論が世に現れるまでに知られていた生産関数は収益法則（Ertragsgesetz）あるいは収穫逓減の法則（Gesetz des abnehmenden Ertrages）に基づくものであった。それは国民経済学において形成されていたもので、グーテンベルクはそれをA型生産関数（Produktionsfunktion vom Typ A）と称している。

　A型生産関数は、最も古くから知られている生産理論的な言明システムで、フランスの重農主義者であったテュルゴー（Turgot, A. R. J.）により定式化された。周知のように、これは土地収穫逓減の法則としての農業に関する法則であったが、シュナイダー（Schneider, E.）やハインリッヒ・フォン・シュタッケルベルク（Heinrich von Stackelberg）等によって工業生産に対する妥当性が認められ、一般的生産関数として理解されるようになった。この生産関数は、①生産要素は一定の範囲内において代替可能である、②生産要素は任意に分割可能である、③生産要素は任意に連続的に投入され得る、ということを前提としている。これらに基づいて論理が構築されているので、A型生産関数は代替的生産関数とも称される。そして、有名なS字型

の収益曲線が描かれた[27]。グーテンベルクは、このA型生産関数の現実妥当性を吟味し、それが工業生産においては支配的なものではないと断定した。その結果、彼によって生産要素の代替を認めない制限的生産関数であるB型生産関数（Produktionsfunktion vom Typ B）が新たに提起されたのである。

このような生産要素の代替性の否定とともに看過されてはならないのは、産出と投入の間接的関係の指摘である。A型生産関数は、生産要素投入量を独立変数、産出量を従属変数としており、両者の直接的関係を説明している。それに対して、グーテンベルクは、両者の間に個々の生産の場（Produktionsstätte）を介在させ、産出量と生産要素投入量・費消量の関係を間接的に説明しようとしている。そのために構築されたのが費消関数（Verbrauchsfunktion）なるコンセプトである。費消関数は、要求される生産速度ないし強度を独立変数として措定することによって、従属変数としての生産要素投入量・費消量を説明しようとするものである。

投入要素 i の投入・費消量を r_i とすると、それは技術的特質とたとえば設備（生産の場）に要求される強度 d_j に依存する。技術的特質を不変と仮定すると、r_i は、

$r_i = f_i(d_j)$

となる。d_j は生産量 (x) の関数であるから、$d_j = \phi_j(x)$ である。したがって、

$r_i = f_j(\phi_j(x))$

となる。これをすべての投入要素 $(i = 1, 2, \cdots, n)$ とすべての設備（生産の場）$(j = 1, 2, \cdots, m)$ について考えると総投入・費消量が算定される。

かくして、産出量→生産速度→生産要素投入量・費消量（＝原価の量的構成要素）という一連の関係が明らかとなるのである（第2図を参照）。

このようにして得られた原価の量的構成要素に価値的構成要素を関係づけることすなわち評価を行うことによって原価が把握される。したがって、この点において、生産理論と原価理論の接点が存在するのであって、生産理論を基礎とする原価理論の構築というグーテンベルクの構想が明白となるのである。

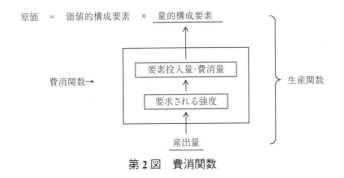

第 2 図　費消関数

　代替的生産関数である A 型生産関数が一方の極端であるとすると、制限的生産関数としての B 型生産関数はもう一方の極端である。すなわち、生産要素の代替について、全面的に肯定する理論と全面的に否定する理論が対峙しているという構図が明らかである。

　グーテンベルク的な主張の根拠をシュテフェン（Steffen, R.）は次のような単純な生産過程の例で説明している[28]。いま、机という生産物 1 単位の生産のためには、天板（生産要素 1、投入量は r_1）は 1 枚、脚（生産要素 2、投入量は r_2）4 本、引出の羽目板（生産要素 3、投入量は r_3）は 2 枚、引出（生産要素 4、投入量は r_4）は 6 個が必要であるとする。この場合、生産要素の投入比率は一義的に決まっており、$r_1 : r_2 : r_2 : r_4 = 1 : 4 : 2 : 6$ となる。この比率を変えることは不可能で、生産係数（Produktionskoefizient）も一義的に決まっているのである。しかしながら、このような生産が一般に見られるとしても、生産要素の投入比率を変えることができる生産も存在する。それは化学工業や製鋼業においてみられる。たとえば、鋼は、ベッセマー法、トーマス法、ジーメンス・マルタン法、純酸素吹上法などによって生産されるが、その場合、生産要素たる銑鉄と屑鉄はさまざまな投入比率で結合されるのである。また、化学的な生産過程においても生産要素の代替は可能である。これらのことから明らかなように、一般的な生産関数としては、生産要素の代替をも包含するものである必要がある。それゆえ、ハイネンは、代替的関係と制限的関係を考慮する新たな生産関数として、C 型生産関数（Produktionsfunktion vom Typ C）を提起したのである[29]。これは、綿密なコ

ンセプトに基づいて、B型生産関数を改良・拡張したもので、より現実的な生産関数であるとみなされている。すなわち、C型生産関数は、代替的モデルと制限的なモデルの両方を考慮し、基本結合（Elementarkombination）あるいはE結合という部分的考察を一層深化させた生産関数である。なお、今日では、クローク（Klook, J.）のD型生産関数（Produktionsfunktion vom Typ D）、キュッパー（Küpper, H.-U.）のE型生産関数（Produktionsfunktion vom Typ E）、マテス（Matthes, W.）のF型生産関数（Produktionsfunktion vom Typ F）が知られている。

V. 生産要素結合論（その2）- 原価理論

1. グーテンベルク原価理論の特質

　ハイネンは、総合的モデルと分析的モデルを峻別し、原価理論を総合的原価理論（synthetische Kostentheorie）と分析的原価理論（analytische Kostentheorie）として類型化した[30]。

　総合的原価理論はシュマーレンバッハやメレロヴィッツの原価理論によって代表され、全体経営を考察対象とする。そして、操業（Beschäftigung）が支配的な原価作用因とみなされ、もっぱら操業と原価の関係が考察される。その際、他の原価作用因の影響は操業の変化となって現れるものと考えられていた。そして、彼らの原価理論は生産理論を基礎とするものではないが、経験的に原価曲線がつねに逆S字型（三次曲線）になるものと考えられていた。それに対して、グーテンベルクやハイネンの原価理論は分析的原価理論といわれる。それは、経営の部分単位を考察対象として、原価と多様な原価作用因の関係を説明せんとしている。また、彼らの原価理論は生産理論を基礎としており、基礎となる生産関数が明示されている。

　すでに述べたように、グーテンベルクの考察態度はきわめて分析的であり、生産関数および原価関数が個々の経営部分単位において把握されようとしている。また、彼は、原価作用因としては、要素質、要素価格、操業、経営規模および生産プログラムを挙げている。そして、これらの作用因と原価

の関係が孤立的考察方法に基づいて明らかにされている。このようなグーテンベルクの考察様式はハイネンによって深化させられ、きわめて分析的な理論が展開されている。すなわち、彼は基本結合と反復関数（Wiederholungsfunktion）を中心概念とするC型生産関数を提起し、基本結合一回あたりの生産要素費消量を問題にしている。グーテンベルクが考察対象とした生産場所ではなく、そこでの生産行為一回あたりの生産要素投入・費消を明らかにしようとするものである。また、ハイネン原価理論においては、きわめて多様な原価作用因も指摘されている。ただし、操業はそれぞれのパラメータの問題に分解されて生産関数および原価関数に組み入れられており、独立の原価作用因とはみなされていない。

　以上の如き総合的原価理論と分析的原価理論は、それぞれが生産理論を基礎とするものと生産理論を基礎としないものに細分され得る[31]。これまで、生産理論を基礎としない総合的原価理論が伝統的原価理論、生産理論を基礎とする分析的原価理論が近代的原価理論といわれてきた[32]。

　以下においては、グーテンベルク原価理論の主たる内容である無効費用（Leerkosten）の理論と適応（Anpassung）の理論について考察することにする。

2. 無効費用の理論

　無効費用（Leerkosten）について初めて言及したのは、1939年のブレット（Bredt, O.）の論文[33]であった。また、無効費用的なものについての萌芽的な認識は、シェアー（Schär, J. F.）、ビュッヒャー（Bücher, K.）、シュマーレンバッハ等の研究に見られる。しかしながら、この概念を生産・原価理論（Produktions- und Kostentheorie）の中に体系的に導入したのはグーテンベルクの功績である。

　固定費（fixe Kosten）は実質的には経営準備原価（Betriebsbereitschaftskosten）として把握されるが、それは、潜在要素を経営準備の状態におくことによって、生産能力原価（Kapazitätskosten）および給付準備原価（Leistungsbereitschaftskosten）として生じる[34]。この潜在要素が生産単位または生産システムの生産能力を規定する[35]。固定費を生産能力

（Kapazität）に対応させる。生産能力は必ずしも完全利用されるとはかぎらないので、利用される生産能力と利用されない生産能力を区別することができる。それに照応して、固定費に関して、利用される生産能力に対応する固定費部分と利用されない生産能力に対応する固定費部分が区別され得る。前者が有効費用（Nutzkosten）であり、後者が無効費用である。生産能力には量的なものと質的なものがあるので、無効費用も量的無効費用と質的無効費用に分けられる。ただし、グーテンベルクにおいては、後者は意識されていない。

以下においては、無効費用に関連する基本的部分を解説することにする[36]。

いま、ある潜在要素の固定費を Q、有効費用を K_n、無効費用を K_l とすると、つねに次式が成り立つ。

$$Q = K_n + K_l$$

さらに、当該潜在要素の量的生産能力を m、生産量を x とすると、周知のように、有効費用と無効費用は、それぞれ x の関数として次のように示される。また、その関係は第3図のように表される。

$$K_n(x) = x \cdot \frac{Q}{m}$$
$$K_l(x) = (m - x) \cdot \frac{Q}{m}$$

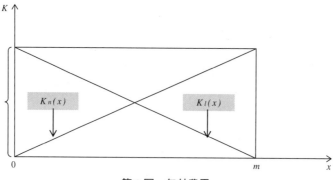

第3図　無効費用

完全操業（生産能力完全利用）の場合は、$K_n(x) = Q$、$K_l(x) = 0$ であり、操業がゼロの場合すなわち生産能力がまったく利用されていない場合は、$K_n(x) = 0$、$K_l(x) = Q$ である。このことから明らかなように、有効費用と無効費用は生産能力の利用の程度を示すもので、実践においては無効費用をできるだけゼロに近づけることが目指されるのである。無効費用が収益性と流動性の圧迫を通じて、企業に大きな負担を課するからである。それは固定費問題（Fixkostenproblem）として理解される[37]。

かつて、ケルン（Kern, W.）が指摘したように[38]、固定費は生産能力が完全に利用される場合にのみ正当化され得るのであるから、「経営管理者にとっては、……固定費がどのくらい利用されているかということを知ることは重要である[39]」と言える。したがって、グーテンベルクがそのための統制用具を生産・原価理論に導入したことの意義はまことに大きい。

グーテンベルクの固定費理解について言及しておきたい。彼は、1956年の「生産・原価理論の未解決問題」という論文において、「シュマーレンバッハの研究が明らかにされてから、固定費の理論は経営経済学的原価理論の主要な部分となっている[40]」と述べて、シュマーレンバッハが固定費の意義を際立たせたことを高く評価した。固定費の意義を十分に意識した上で①企業の技術的あるいは管理的な機構のある種の分割不可能性および②企業管理者の経営政策的決定という2つの要因を固定費の発生原因とみなした[41]。

操業に依存しない原価としての固定費は、実質的には経営準備原価である。すでに述べたように、それは潜在要素を経営準備の状態におくということによって発生する。それゆえ、グーテンベルクが挙げている2つの原因は固定費の発生を説明するものではない。しからば、①と②は何を意味しているか。それらは無効費用の発生原因である。したがって、グーテンベルクの所説においては、固定費の発生原因と無効費用の発生原因が完全に取り違えられているのである[42]。しかしながら、それは、彼が無効費用の発生を重要視していたことの証左である。グーテンベルクは、生産能力の可及的大なる利用を達成することにより、固定費を可能な限り有効費用化すること（無効費用をできるだけゼロに近づけること）に大きな関心をもっていたのであ

る。

3. 適応の理論

　伝統的に、操業変化が経営の原価水準にどのように影響を及ぼすかという問題は一義的に考えられ、全体原価（Gesamtkosten）の経過はつねに3次曲線になるものと考えられていた。それは、シュマーレンバッハやメレロヴィッツのような生産理論を基礎としない原価理論においてもそうであったし、収益関数の逆関数としての原価関数を考える国民経済的な原価理論においても同様であった。それに疑問を感じたヘンツェル（Henzel, F.）は、企業の構造と企業管理者の処理によって原価経過を説明しようとしたが、その試みは失敗した[43]。グーテンベルクは、ヘンツェルの失敗を意識して、操業と原価の間に処理的要素による意思決定を介在させようとした。それが適応という問題意識である。彼は、「われわれは操業の変化がいかようにして経営の生産原価に影響を及ぼすかということを研究しなければならない。この場合、操業変動に生産技術的に適応するいかなる可能性が経営に対して存在するかという先決問題が定立されねばならない[44]」と述べている。グーテンベルクは、経営が操業変化に対していかに対処するかということを適応とよび、工業生産においていかなる適応の可能性が存在するかということが問題とされ、それぞれの適応形態が原価に及ぼす影響が考察されることになる。そのメカニズムは第4図のように示され得る。

第4図　適応と原価

　グーテンベルクの適応の理論の概要は以下のように説明することができる。

　操業変動と生産量変化は厳密に考えると等しくはないが、ここでは両者が同じものと考える。生産量は3つの要因に分解することができる。3つの要

因とは、生産速度、生産時間および生産システムの数（潜在要素あるいは設備等の数）である。

したがって、それぞれを d、t および m で表し、生産量を x とすると、
$x = d \times t \times m$
となる。たとえば、生産速度すなわち時間単位あたりの生産量 (d) を6単位、生産時間 (t) を8時間／1日、設備の数 (m) を10とすると、1日あたりの総生産量は480単位となる。いま、需要の変動に対処するために、生産量を半減させることが必要となる場合、実施され得る方策としては、

①生産速度を3単位にする。

　→総生産量＝3・8・10＝240

②生産時間を4時間とする。

　→総生産量＝6・4・10＝240

③利用する設備の数を5台とする。

　→総生産量＝6・8・5＝240

が考えられる[45]。①の場合が強度的適応（intensitätsmäßige Anpassung）、②の場合が時間的適応（zeitliche Anpassung）そして③の場合が量的適応（quantitative Anpassung）と言われる。

強度的適応の場合は、生産時間および利用設備の数は一定という条件の下で、もっぱら生産速度により生産量は変化させられる。この適応形態は、たとえば溶鉱炉での銑鉄の生産や化学的過程などの生産時間および設備の数を変化させることが不可能な生産過程で実施される。ただし、各生産過程では最適な生産強度があり、最適を上回る生産速度による生産量の増加は原価の逓増を惹起することになる。

時間的適応の場合は、生産速度と利用設備の数が一定という条件の下で、生産時間を変えることによって生産量の変化が図られる。通常は、最適な生産速度（原価最小の生産速度）が前提とされ、生産時間の増減による生産量の調節が行われる。これは最も一般的な適応形態であると考えられる。

量的適応の場合は、投入される設備などの数が変化させられる。たとえば、生産量の減少が一部の設備の休止によって達成されたり、設備の追加的投入によって生産量が増加させられたりする。これに関して、同質の設備等

の増減が前提とされる場合は純粋の量的適応といわれる。それに対して、質の異なる設備等の代替的投入や追加的投入が行われたり、休止が実施されたりするならば、生産要素の質的な選択が問題となり、それは選択的適応（selektive Anpassung）といわれる。この選択的適応の場合は、つねにより小さな原価を実現することが企図されるのである。

実践においては、上述のような 3 種類の適応が組み合わされて生産量の変化に対処されることも多い。このことの理解のためには、シュテフェンの説明が有用である[46]。

VI. グーテンベルク生産論の基底

これまで述べてきたようなグーテンベルクの所説は、いかなる状況に規定され、どのような問題意識に基づくものであったか。このことを明らかにし、グーテンベルク生産論の基底を探ることにしたい。

戦後の西ドイツ経済は、1949 年 8 月の第 2 次工業プランによる生産制限緩和を契機として復興過程を歩むこととなった。経済復興を促進するための諸政策の中でとりわけ注目されるのは、「通貨改革」（1948 年 6 月）、「ドイツ・マルク開始貸借対照法に基づく資産再評価」（1949 年 8 月）、「租税新秩序法による各種の優遇措置」（1949 年 4 月および 8 月）であった。これらが企業および国民経済の復興に大きく寄与し、1946 年には戦前の 1/3 程度であった工業生産が 1949 年には戦前の水準を上回ったことは周知のことである。

当時の状況について、たとえば、シュトルパー（Stolper, G.）らは、「あらゆる破壊にも拘わらず、生産・分配機構の基本的な骨組は残っていた。……全体として見れば、1948 年の工業施設の生産能力は決して戦前に劣るものではなかった[47]」と述べている。すなわち、存在していた大きな生産能力が、戦後の特殊条件により十分に利用されていなかったのである[48]。したがって、そのような未利用能力の維持と利用が当時の企業経営の課題であった。また、本格的な経済の復興に備えるためには、生産能力のさらなる拡大

が図られねばならなかったのである。かくして、工業生産能力の維持・拡大およびその可及的大なる利用ということが国民経済にとっても企業にとっても喫緊の問題であったと言うことができる。周知のように、1950年代以降の経済復興は、きわだった経済成長、完全雇用および低いインフレ率によって特色づけられ[49]、そのような状態が1970年代まで続いたのである。

　グーテンベルクの生産論はこのような状況を背景として生まれたのであり、彼の基本思考はそのことによって強く規定されていると言えよう。彼の問題意識が端的に現れているのは、「全体経済の成長という問題が、今まで以上にわれわれの経済的な関心の中心になっている。すべての努力は、成長過程を安定的かつ調和的に経過させることに向けられる[50]」という1957年の叙述である。さらに、彼は、全体経済的な成長過程の担い手（Träger）が個別経済的な構造物（einzelwirtschaftliche Gebilde）としての企業であることを明言している[51]。そのような企業は、技術的、経済的、組織的そして人間的なエネルギーをもたらす中心的な存在であり、成長過程を望ましい状態に維持するのである。すなわち、個別経済としての企業はあくまでも全体経済たる国民経済の成長を実現するために貢献すべきものであり、そのような使命を帯びた企業がグーテンベルク経営経済学（生産論）の対象なのである。このように、国民経済の成長のための企業の維持・成長ということがグーテンベルクの問題意識であった。この点において、「国民経済の一環としての企業の管理[52]」というドイツの経営経済学に固有の考察様式の一端を見ることができる。

　しかしながら、彼のこのような思考は、第2次大戦後に突如として現れたものではない。その萌芽的なものは、1942年の論文の中に見ることができる。それは彼の師であるシュミットの60歳を祝賀する記念論文集に収録されている[53]。この論文においては、国民経済の成長と経営経済の成長、経営経済に特有の成長概念およびそれに適合する企業概念などの問題が考察されている。それゆえ、かねてから彼が抱いていた「企業の成長による国民経済の成長の実現」という思考が、第2次大戦後の経済復興という状況の中で顕在化し、グーテンベルク生産論として結実したものと考えることができるのである。第2次大戦後の状況が理論形成の追い風となったことは間違いな

い。それゆえ、彼の所説の内容は、どこまでも、企業成長のための生産要素論および生産要素結合論なのである。換言すると、彼の主張する生産関数論、無効費用の理論、適応の理論、直線的に経過する全体原価（1次関数として表される全体原価関数）の主張などは企業成長を説明・唱道するために提起されたのである。したがって、それらの理論の内容は須く「個別経済の成長による全体経済の成長」ということに帰着するものと言える。

　このような性格をもつグーテンベルクの研究に対するメレロヴィッツの批判によって開始された原価論争は、経営経済学の方法論争に姿を変えてしまった。それはグーテンベルクにとっては本意ではなかったものと思われる。彼としては、もっと生産・原価理論の内容についての議論が闘わされることを望んでいたのではないか。グーテンベルクが批判に対して真正面から反論しなかったといわれる理由もこのことに求めることができよう[54]。両者の議論は当初から噛み合っていなかったのである。

VII. 結

　本稿においては、グーテンベルクの生産論を生産要素論、生産要素結合論（生産関数論、原価理論）および経営類型論から成るものとして考察してきた。生産要素論と生産関数論は生産理論の範疇に含まれるから、彼の生産論の大部分はいわゆる生産・原価理論として把握することができる。そして、経営類型論はそれを意味づける役割を担っている。すなわち、グーテンベルクの所説はどこまでも資本主義的な経営としての企業の生産・原価理論なのである。

　すでに明らかなように、彼は、生産・原価理論のそれぞれの領域において大きな足跡を残した。それは、処理的要素、B型生産関数、無効費用の理論、適応の理論などに関して見られる。これらは、いまや経営経済学の重要な共有財産となっている。

　グーテンベルクの理論を考察する際に看過してはならないのは、それが戦後西ドイツの高度成長期を背景として生まれ出たということである。前述の

ように、当時の西ドイツでは、膨大な未利用生産能力が存在しており、それの維持と可及的大なる利用が焦眉の問題であった。また、生産をさらに拡大しなければならないということも経済および企業に課せられた大きな課題であった。そのような実践の要求に応えるべく登場したのがグーテンベルクの生産論である。したがって、高度成長を遂げつつある経済の下での生産拡大を説明する現実接近的な用具としての処理的要素、B型生産関数、無効費用の理論、適応の理論の意味が考えられなければならない。ここに現実科学としてのグーテンベルク経営経済学（生産論）の意義が見出され得るのである。

　すでに述べたように、グーテンベルクの研究が出版されたことを契機として、いわゆる原価論争が華々しく開始された。しかしながら、それは、やがて生産・原価理論の範囲を超えて、経営経済学の方法論争に転化した。そのことはまことに不幸なことであったと言わなければならない。グーテンベルクの生産論に関しては、それに内包されている企業成長至上主義ともいうべき基本思考がもっと強調されるべきであったし、かかる基本思考を前提として彼の理論が目指していたものや個々の理論の内容および意義が理解されなければならなかったのである。生産要素結合の主体としての処理的要素という構想、生産能力利用の指標である無効費用の理論、生産拡大の要請に応えるための適応の理論、さらには、直線的に経過する全体原価の主張[55]をめぐる問題などについては、その意味するところがより多面的に一層深く議論されて然るべきであった。企業成長のための生産要素論および生産要素結合論という理論的性格について議論が深められなかったことが惜しまれるのである。

　日本ではあまり知られていないことであるが、グーテンベルクは1937年5月1日にナチス（NSDAP）に入党し、1939年6月2日以来、突撃隊（SA）の一員であった。それで、奉職していたイェーナの大学（Friedrich-Schiller-Universität）から解雇通知書を受け取ることとなり、大学教授の職を失った。このことは、広く世に知られるには至らず、グーテンベルクの没後にはじめてベッカー（Becker, F. G.）等によって明らかにされたのである[56]。彼らの書物には、解雇通知書の写真などが掲載されている。もしこ

事実が第 2 次大戦の直後に露見していたら、彼がケルンの大学（Universität zu Köln）に迎えられることはなかったであろうし、グーテンベルク経営経済学も世に出ることはなかったのではないか。あの画期的な生産論も生まれず、われわれは数々の共有財産を手にすることができなかったかもしれない。

注

1) Gutenberg, E. : Betriebswirtschaftslehre als Wissenschaft, Krefeld 1957, S. 13 ff.
2) Gutenberg, E. : Grundlagen der Betriebswirtschaftslehre, Erster Band, Die Produktion, Berlin・Göttingen・Heidelberg 1951.
3) 小畑 裕『ドイツ原価理論学説史』中央経済社、2000 年、217 ページ。
4) Mellerowicz, K. : Eine neue Richtung in der Betriebswirtschaftslehre?, ZfB, 22. Jg.（1952), S. 145 f.
5) 吉田和夫「グーテンベルク経営経済学の基礎」『商学論究』36 号、1961 年、159 ページ、吉田和夫『グーテンベルク経営経済学の研究』法律文化社、1962 年、13 ページ以下、吉田和夫『ドイツ企業経済学』ミネルヴァ書房、1968 年、164 ページ以下、吉田和夫「グーテンベルク経営経済学の性格」『商学論究』第 15 巻第 2 号、1967 年、15 ページ。
6) Gutenberg, E. : Die Unternehmung als Gegenstand betriebswirtschaftlicher Theorie, Berlin und Wien 1929.
7) 吉田和夫「グーテンベルク経営経済学の基礎」160 ページ、吉田和夫『ドイツ企業経済学』166 ページ。
8) Gutenberg, E. : a. a. O., Vorwort.
9) Weber, M. : Die "Objektivität" sozialwissenschaftlicher und sozialpolitischer Erkenntnis, 1904, in : Winkelmann, J.（Hersg.）: Gesammelte Aufsätze zur Wissenschaftslehre von Max Weber, 4. Aufl., Tübingen 1973, S. 150. 恒藤 恭校閲、富永祐治、立野保男共訳『社會科學方法論』岩波書店、1936 年、16 ページ。
10) Gutenberg, E. : a. a. O., S. 24 ff. ; derselbe : Einführung in die Betriebswrtschaftslehre, Wiesbaden 1958, S. 27. このことについては、吉田和夫「グーテンベルクの最適度原理」『商学論究』第 9 号、1954 年、154 ページも参照。
11) 池内信行『経営経済学史』（増訂版）、理想社、1955 年、280 ページ。
12) これは、主著の第 1 版（1951 年）においては、経済性（Wirtschaftlichkeit）の問題として説明されていたが、第 2 版以降において、生産性の関係というこ

とに修正されている。Gutenberg, E.：Grundlagen der Betriebswirtschaftslehre, Erster Band, Die Produktion, 2. Aufl., Berlin・Göttingen・Heidelberg 1955, S. 9；derslbe：Einführung in die Betriebswirtschaftslehre, S. 27.
13) Gutenberg, E.：Einführung in die Betriebswrtschaftslehre, S. 27.
14) Heinen, E.：Betriebswirtschaftliche Kostenlehre, Band I, 2. Aufl., Wiesbaden 1965, S. 35 ff.；derslbe：Produktions- und Kostentheorie, Wiesbaden 1976, S. 216 ff. これに関しては、小畑 裕、前掲書、276ページ以下を参照。
15) 要素価格は、要素質（Faktorqualität）と要素比率（Faktorproportion）とともに3大原価決定要因を構成する。
16) グーテンベルクは、研究の初期の段階から価格の問題には関心をもっていた。Vgl. Gutenberg, E.：Die Unternehmung als Gegenstand betriebswirtschaftlicher Theorie, S. 126 ff.
17) 小島三郎「グーテンベルク学派における経営経済学研究の変遷（1）」『三田商学研究』第13巻第5号、1970年、58ページ以下。また、小島三郎『戦後西ドイツ経営経済学の展開』慶応通信、1968年、432ページ以下をも参照。
18) 吉田和夫「グーテンベルク経営経済学の性格」、25ページ。
19) グーテンベルクは「経営あるいは企業」（Gutenberg, E.：Betriebswirtschaftslehre als Wissenschaft, S. 8 f.）とも述べているが、この表現の意味するところは資本主義的経営である企業ということである。
20) 吉田和夫、前掲稿、27ページ。
21) このことをいち早く指摘したのが高田教授である。高田教授は「要素－結合の2つのものが一応、社会体制と無関連に云わば超時処的に普遍的に考えられるのに対し、その様な要素－結合の行われるときの指導原理を考えると必然に、経営の社会関連の経済体制関連が考察されねばならなくなる」（高田馨「グーテンベルク経営経済学の構造」『会計』第65巻第1号、119-120ページ）と述べて、次のようなシェーマを示している。ただし、形態論とは経営類型論のことである。

体制　無関連 ＜ 要素論
　　　　　　　　結合論
体制　関連　── 形態論

22) 深山 明「生産」深山 明・海道ノブチカ編著『基本経営学』同文舘出版、2010年、78ページ以下を参照。
23) Gutenberg, E.：Grundlagen der Betriebswirtschaftslerhre, Erster Band, Die Produktion, Berlin・Göttingen・Heidelberg 1951, S. 14 ff.
24) Gutenberg, E.：a. a. O., S. 6.
25) Hellwig, A.：Neue Wege wirtschaftlicher Betriebsführung, Berlin und Leipzig

1928, S. 8 ff.
26) 尾畑 裕「ドイツ生産・原価理論の展開と原価計算」『商学研究』第 39 号、1998 年、230 ページ、尾畑 裕、前掲書、228 ページ。
27) その逆関数として逆 S 字型の経過を示す原価関数（Kostenfunktion）が導かれた。
28) Steffen, R.: Produktions- und Kostentheorie, 4. Aufl., Stuttgart 2002. S. 27 ff. 平林喜博・深山 明訳『シュテフェン生産と原価の理論』中央経済社、1995 年、23 ページ（ただし、邦訳は 1993 年の第 2 版の訳である）。
29) Heinen, E.: Betriebswirtschaftliche Kostenlehre, Band 1, Wiesbaden 1965.
30) Heinen, E.: Betriebswirtschaftliche Kostenlehre, 6. Aufl., Wiesbaden 1983, S. 173 ff.
31) Heinen, E.: a. a. O., S. 182 f.
32) 尾畑 裕、前掲書、225 ページ。
33) Bredt, O.: Der endgültige Ansatz der Planung, Technik und Wirtschaft, 32. Jg. (1939), S. 219 ff. und S. 249 ff.
34) 深山 明『ドイツ固定費理論』森山書店、2001 年、22 ページ。
35) Vgl. hierzu etwa. Weber, H. K.: Industriebetriebslehre, 2. Aufl., Berlin Hiedelberg New York 1996, S. 161 ff.; Nebel, Th.: Einführung in die Produktionswirtschaft, München 1996, S. 96 ff.
36) 同様の説明は、キュルピック（Kürpick, H.）やシェーンフェルト（Schoenfeldt, H. -M. W.）によっても行われている。Kürpick, H.: Die Lehre von den fixen Kosten, Köln und Opladen 1965, S. 88 ff.; Schoenfeldt, H. -M. W.: Cost Terminology and Cost Theory, Urbana-Champaign 1974, pp. 83-88. 平林喜博・深山 明訳『原価と原価理論』新東洋出版社、1981 年、103 ページ以下。
37) 固定費問題については、深山 明、前掲書、21 ページ以下、および、深山 明『企業危機とマネジメント』森山書店、2010 年、10 ページ以下を参照。
38) Kern, W.: Industriele Produktionswirtschaft, 4. Auf., Stuttgart 1990, S. 47.
39) Kilger, W.: Produktions- und Kostentheorie, Wiebaden 1958, S. 86. また、山形休司『原価理論研究』中央経済社、1968 年、175 ページを参照。
40) Guteberg, E.: Offene Fragen der Produktions- und Kostentheorie, ZfHF, 8. Jg. (1956), S. 431.
41) Gutenberg, E.: a. a. O., S. 435 ff. その後、ハイネンは、①と②に加えて法律的および制度的条件による適応速度の制約をも固定費発生の原因とみなしている。Vgl, Henen, E.: Betriebswirtschaftliche Kostenlehre, 6. Aufl., Wiesbaden 1983. S. 517 ff.
42) このことはハイネンにおいても同様である。グーテンベルクは『経営経済学

原理』第一巻の後の版では、「固定費または無効費用の第二のグループは経営管理者の経営政策的決定に還元され得る」（Gutenberg, E.：Grundlagen der Betriebswirtschaftslehre, Erster Band, Die Produktion, Berlin・Heidelberg・New York 1976, S. 352) とも表現している。

43) 溝口一雄『費用管理論』（増補版）中央経済社、1977年、229ページ以下、尾畑 裕、前掲書、241ページを参照。

44) Gutenberg, E.：Grundlagen der Betriebswirtschaft, Erster Band, Die Produktion, 2. Aufl., Berlin・Göttingen・Heidelberg 1955, S. 234 f.

45) 生産量を増加させなければならない場合も同様で、たとえば、生産速度を9単位、生産時間を12時間／1日、利用設備の数を15台とすることによって、それぞれの場合に1日あたりの生産量は720単位となる。

46) Steffen, R.：a. a. O., S. 93 ff. 平林喜博・深山 明、前掲訳書、107ページ以下。

47) Stolper, G., Häuser, K. und Borchart, K.：Deutsche Wirrtschaft seit 1870, 2. Aufl., Tübingen 1966, S. 257. 坂井栄八郎訳『現代ドイツ経済史』竹内書店、1969年、244ページ。

48) 鬼丸豊隆『ドイツ経済二つの奇蹟』平凡社、1958年、93ページ、吉田和夫『ドイツ企業経済学』ミネルヴァ書房、1968年、170ページ、林 昭『ドイツ企業論』ミネルヴァ書房、1972年、15ページ以下、出水 宏『戦後ドイツ経済史』東洋経済新報社、1978年、29ページ。

49) Michael von Prollius：Deutsche Wirtschaftsgeschichte nach 1945, Göttingen 2006, S. 111.

50) Gutenberg, E.：Betriebswirtschaftslehre als Wissenschaft, S. 8.

51) Gutenberg, E.：a. a. O., S. 8.

52) 吉田和夫『ドイツ経営経済学』森山書店、1982年、序文。

53) Gutenberg, E.：Zur Frage des Wachstums und Entwicklung von Unternehmungen, in：Henzel, F.（Hrsg.)：Leistungswirtschaft, Berlin-Wien 1942, S. 148 ff.

54) メレロヴィッツは「グーテンベルクは提起されている批判に対する反論をせず、また、国民経済学的傾向を示している自らの所論をさらに根拠づけることもせずに、私の原価理論を攻撃することによって、私が執筆した書評に対する報復とした」（Mellerowicz, K.：Betriebswirtschaftslehre am Scheideweg?, ZfB, 23. Jg.（1953), S. 267) と述べて、グーテンベルクが方法論争に応じていないことに不満の意を表明したのである。彼はその後の論文においても、グーテンベルクが方法論上の批判に応えないことを激しく非難している（Mellerowicz, K.：Kostenkurve und Ertragsgesetz, ZfB, 23. Jg.（1953), S. 329)。

55) とくに、直線的に経過する全体原価は企業成長との関連で意味づけられるべきであった。それは、「A型生産函数（代替的生産函数）が当てはまらないの

であれば、A′型原価函数（A型生産函数の逆函数）も妥当せず、従って、総原価線の経過も決してS字型経過ではなく、直線であることを主張した」（小島三郎「グーテンベルク学派の方法論的展開」『三田商学研究』第11巻第1号、1968年、126ページ）というような単純なことではなく、グーテンベルクの意図していたものを考える必要がある。

56) Becker, F. G. und Lorson, H. N. : Gutenberg in Jena, Baden-Baden 1996, S. 30 f.

欧文文献目録

Apitz, K. : Konflikte, Krisen, Katastrophen, Frankfurt am Main / Wiesbaden 1987.

Aldcroft, Derek H. : The European Economy 1914-2000, 4th Edition, London and New York 2001.

Alter, R. : Strategissches Controlling, München 2011.

Backhaus, K. und Funke, S. : Fixkostenintensität und Kostenstrukturmanagement, Controlling, 6. Jg. (1994).

Backhaus, K. und Funke, S. : Auf dem Weg zur fixkostenintensiver Unternehmung ?, ZfbF, 48. Jg. (1996).

Backhaus, K. und Funke, S. : Mangementherausforderungen fixkostenintensitiver Unternehmen, KRP, 40. Jg. (1996).

Backhaus, K. und Funke, S. : Fixkostenmanagement, in : Franz, K.-P. und Kajüter, P. (Hrsg.) : Kostenemangement, Stuttgart 1997.

Baum, H.-G. / Coenenberg, A. G. / Günther, T. : Strategisches Controlling, 5. Aufl., Stuttgart 2013.

Becker, F. G. und Lorson, H. N. : Gutenberg in Jena, Baden-Baden 1996.

Becker, W. : Stabilitätspolitik für Unternehmen, Wiesbaden 1996.

Becker, W. : Begriff und Funktion des Controlling, Bamberger Betriebswirtschaftliche Beitäge, Nr.106, Bamberg 1999.

Becker, W. und Baltzer, : Controlling − Eine instrumentelle Perpektive, Bamberg 2009.

Becker, W. und Baltzer, B. Die wertschöpfungsorientierte Controlling-Konzeption, Bamberger Betriebswirtschaftliche Beiträge 172, Bamberg 2010.

Becker, W., Baltzer, B. und Ulrich, P. : Wertschöpfungsorientiertes Controlling, Stuttgart 2014.

Becker-Kolle, C. : Führen in Krisenzeiten, Wiesbaden 2004.

Berens, W. / Bertelsmann, R. : Controlling, in : Küpper, H.-U. und Wagenhofer, A. (Hrsg.) : Handwörterbuch Unternehmensrechnung und Controlling, 4. Aufl., Stuttgart 2002.

Berens, W., Knauer, T., Sommer, F. und Wöhrmann, A. : Gemeinsamkeiten deutscher Controlling-Ansäte, Controlling, 25. Jg. (2013).

Bergauer, A. : Erfolgreches Krisenmanagement in der Unternehmung, Berlin 2001.

Bergauer, A. : Fühlen aus der Unternehmerische-Leitfaden zur erfolgreichen Sanierung, Berlin 2003.

Birker, K. : Vorbeugendes Krisenmanagement, in : Birker, K. und Pepels, W. (Hrsg.) : Krisenbewusstes Management, Berlin 2000.

Birker, K. Krisenbewältigung − Sanierung, Gesundung des Unternehmens, in : Birker, K. und Pepels, W. (Hrsg.) : Handbuch Krisenbewusstes Management, Berlin 2000.

Bleicher, K. und Meyer, E. : Führung in der Unternehmung, Reinbek bei Hamburg 1976.

Böckenförde, B. : Unternehmenssanierung, 2. Aufl., Stuttgart 1996.

Bouffier, W. : Die Verrechnungspreie als Grundlage der Betriebskontrolle und Preisstellung, Frankfurt a. M. 1928.

Bouffier, W. Grundprizipien der Bewertung, in : Seischab, H. und Schwantag, K. (Hrsg.) : Handwöterbuch der Betriebswirtschaft, Band I, 3. Aufl., Stuttgart 1959.

Brauckmann, C. : Restrukturierung und Vertragskosten, Wiesbaden 2001 ; Stier, B. / Laufer, J. (Hrsg.) : Von der Preussag zur TUI, Essen 2005.

Braunstein, R. : Die Controllingpioniere, Saarbrücken 2008.

Bredt, O. : Der endgültige Ansatz der Planung, Technik und Wirtschaft, 32. Jg. (1939).

Brunke, D. : Integrierte Planungs- und Kontrollrechnung in Planungs- und Kontrollsystem des Preussag-Konzerns, in : Hahn, D. : PuK, 4. Aufl., Wiesbaden 1994.

Chmielwicz, K. : Forschungskonzeption der Wirtschaftswissenschaft, 3. Aufl., Stuttgart 1994.

Crone, A. : Die Untenehmenskrise, in : Crone, A. / Werner, H. (Hrsg.) : Modernes Sanierungamangement, 4. Aufl., München 2014.

Dillerup, R. und Stoi, R. : Unternehmensführung, 4. Aufl., München 2013.

Dittmann, I., Maug, E. and Schneider, C. : How Preussag Became TUI, Financial Management, Volume 33 Issue 3, 2008.

Dorn, G. : Geschichte der Kostenechnung, in : Chmielewicz, K. und Schweizer, M. (Hrsg.) : Handwörterbuch des Rechnungswesens, 3. Aufl., Stuttgart 1993.

ECTAA : Table of Statistics – European travel agents and tuor operators, Ref. : AD 16-001 / 448, 2016.

Ehlers, H. und Drieling, I. : Unternehmenssanierung nach der Insolvenzordnung, 2. Aufl., München 2000.

Elliot, D., Swartz, E. and Herbane, B. : Business Continuity Management, Second edition, New York 2010.

Engelmann, K. : Einwände gegen den pagatorischen Kostenbegriff, ZfB, 28. Jg. (1958).

Engelmann, K. : Vom "Gelddenken" in der Betriebswirtschaft, ZfB, 29 Jg. (1959).

Eschenbach, R. und Niedermayr, R. : Die Konzeption des Controlling, in : Eschenbach, R. (Hrsg.) : Controlling, Stuttgart 1995.

Eugen von Böhm-Bawerk : Grundzüge der Theorie des wirtschaftlichen Güterwertes, Jahrbuch für Nationalökonomie und Statistik, Neue Folge, Bd.13, 1886.

Evertz, D. und Krystek, U. : Das Management von Restrukuturierung und Sanierung, in : Evertz, D. und Krystek, U. (Hrsg.) : Restrukuturierung und Sanierung von Unternehmen, Stuttgart 2010.

Fettel, J. : Ein Beitrag zur Diskussion über den Kostenbegriff, ZfB, 29. Jg. (1959).

Findeisen, F. : Aufstiek der Betriebe, Leipzig 1932.

Fischer, T. M. / Möller, K. / Schultze, W. : Controlling, Stuttgart 2012.

Fleege-Althoff, F. : Die notleidende Unternehmung, Stuttgart 1930.

Fleege-Althoff, F. : Grundzüge der allgemeinen Betriebswirtschaftslehre, Leipzig 1934.

Frenzel, M. : Einmalige Chance – Interview mit Michael Frenzel von Arno Balzer und Dietmar Student, Managermagazin, 29. Jg. (1999).

Frenzel, M. : Wandel vom Industriekoglomerat zur Touristikkonzern, in : Lange, T. A. (Hrsg.) : Rechnungslegung, Steuerung und Aufsicht von Banken, Wiesbaden 2004.

Freyer, Walter : Tourismus–Einführung in die Fremsverkehrsökonomie, 11. Aufl., Berlin / München / Boston 2015.

Fülbier, R. U. : Wissenschaftstheorie und Betriebswirtschaftslehre, in : Horsch, A., Meinhövel, H. und Paul, S. (Hrsg.) : Institutionsökonomie und Betriebswirtschaftslehre, München 2005.

Funke, S. : Fixkosten und Beschäftigungsrisiko, München 1995.

Gälweiler, A. : Unternehmensplanung, Frankfurt am Main u.a. 1974.

Gälweiler, A. : Unternehmensplanung, Neuausgabe, bearbeitet und ergänzt von Markus Schwaninger, Frankfurt / New York 1986.

Gälweiler, A. : Strategiscshe Unternehmensführung, 3. Aufl., Frankfurt / New York 2005.

Günther, T. : Conceptualisations of 'Controlling' in German-Speaking Countries : Analysis and Comparison with Anglo-American Management Control Frameworks, Journal of Management Controll, 23(4), 2013.

Gutenberg, E. : Die Unternehmung als Gegenstand betriebswirtschaftlicher Theorie, Berlinund Wien 1929.

Gutenberg, E. : Zur Frage des Wachstums und Entwicklung von Unternehmungen, in : Henzel, F. (Hrsg.) : Leistungswirtschaft, Berlin-Wien 1942.

Gutenberg, E. : Grundlagen der Betriebswirtschaftslehre, Bd.1, Berlin, Göttingen und Heidelberg 1951.

Gutenberg, E. : Grundlagen der Betriebswirtschaftslehre, Erster Band, Die Produktion, 2. Aufl., Berlin · Göttingen · Heidelberg 1955.

Guteberg, E. : Offene Fragen der Produktions- und Kostentheorie, ZfHF, 8. Jg. (1956).

Gutenberg, E. : Betriebswirtschaftslehre als Wissenschaft, Krefeld 1957.

Gutenberg, E. Einführung in die Betriebswrtschaftslehre, Wiesbaden 1958.

Haberl, H. und Riegger, T. : Changemanagement, in : Markus, W. E. (Hrsg.) : Restrukturierungs- und Turnaround-Management, Berlin 2013.

Haghani, S./ Knecht, T. : Das Restrukturierungskonzept als Navigator in der Untenehmenskrise, in : Brühl, V. und Göpfert, B. (Hrsg.) : Unternehmensrestrukturierung, 2. Aufl., Stuttgart 2014.

Hauschild, J. : Entwicklung in der Krisenforschung, in : Griess-Nega, T. (Hrsg.) : Krisenmanagement, Wiesbaden 2006.

Hax, K. : Die Substanzerhaltung der Betriebe, Köln und Opladen 1957.

Heinen, E. : Die Kosten, Saarbrücken 1956.

Heinen, E. : Betriebswirtschaftliche Kostenlehre, Band I, 2. Aufl., Wiesbaden 1965.

Heinen, E. : Produktions- und Kostentheorie, Wiesbaden 1976.

Heinen, E. : Betriebswirtschaftliche Kostenlehre, 6. Aufl., Wiesbaden 1983.

Held, G. : Traditioneller oder pagatorischer Kostenbegriff ?, ZfB, 29 Jg. (1959).

Hellwig, A. : Neue Wege wirtschaftlicher Betriebsführung, Berlin und Leipzig 1928.

Hess, H., Fechner, D., Freund, K. und Körner, F. : Sanierungshandbuch, 3. Aufl., Neuwied · Kriftel / Ts · Berlin 1998.

Hoffjan, A., Kißler, M. und Ritscher, H. J. : Die systemgestützte Controlling-Konzeption, Controlling, 25. Jg. (2013).

Hommel, U., Knecht, T. C. und Wohlenberg, H. : Sanierung der betriebliche Unternehmenskrise, in : Hommel, U., Knecht, T. C. und Wohlenberg, H. (Hrsg.) : Handbuch Unternehmensrestrukturierung, Wiesbaden 2006.

Horváth, P. : Controlling, 7. Aufl., München 1998.

Horváth, P. : Strategisches Controlling, Controlling, 20. Jg. (2008).

Horváth, P. : Controlling Safari 2013, Controlling, 25. Jg. (2013).

Hubert, B. : Controlling-Konzeption, Wiesbaden 2015.

Jung, H. : Controlling, 3. Aufl., München 2011.

Kant, I. : Prolegomena zu einer jeden künftigen Metaphysik, die als Wissenschaft wird auftreten können, Riga 1783.

Kern, W. : Die Messung industrieller Fertigungskapazitäten und ihrer Ausnutzung, Köln und Opladen 1962.

Kern, W. : Die Produktionswirtschaft als Erkenntnisbereich der Betriebswirtschaftslehre, ZfbF, 28. Jg. (1976).

Kern, W. : Industriele Produktionswirtschaft, 4. Auf., Stuttgart 1990.

Kilger, W. : Produktions- und Kostentheorie, Wiebaden 1958.

Kloock, J. : Betriebswirtschaftliche Input-Output-Modelle, Wiesbaden 1969.

Koch, H. : Zur Diskusion über den Kostenbegriff, Zfhf, 10. Jg. (1958). Grundprobleme der Kostenrechnung, Köln und Opladen 1966.

Kosiol, E. : Kritische Analyse der Wesensmerkmale des Kostenbegriffs, in : Kosiol, E. und Schlieper, F. (Hrsg.) : Betriebsökonomisierung durch Kostenanalyse, Absatzrationalisierung undNachwuchserziehug, Köln und Opladen 1958.

Kosiol, E. : Die Unternehmung als wirtschaftliches Aktionszentrum, Einführung in die Betriebswirtschaftslehre, Reinbek bei Hamburg 1966.

Krause, K.-T. : Changemanagement, 2. Aufl., Norderstedt 2015.

Kreft, G. : Insolvenzordnung, 6. Aufl., Heidelberg, München, Landsberg, Frechen,

Hamburg 2011.

Krystek, U. : Unternehmungskrisen, Wiesbaden 1987.

Krystek, U. : Die Rolle des Controllings in Restrukuturierung und Sanierung, in : Evertz, D. und Krystek, U. (Hrsg.) : Restrukuturierung und Sanierung von Unternehmen, Stuttgart 2010.

Krystek, U. : Die Rolle des Controllings in der Restrukturieung und Sanierung, in : Evertz, D. / Krystek, U. (Hrsg.) : Unternehmen erfolgreich restrukturieren und sanieren, Stuttgart 2014.

Krystek, U. und Moldenhauer, R. : Handbuch Krisen- und Restrukturierungsmanagement, Stuttgart 2007.

Krystek, U., Moldenhauser, R. und Everz, D. : Controlling in der aktuellen Krisenerscheinungen, ZfCM, 53. Jg. (2009).

Krystek, U., Reimer, M. : Strategisches Controlling–strategische Controller, Controlling, 24. Jg. (2012).

Krüger, W. : Theorie untenehmungsbezogener Konflikte, ZfB, 51. Jg. (1981).

Küpper, H.-U. : Dynamische Produktionsfunktion der Unternehmung auf der Basis des Input- Output-Ansatzes, ZfB, 49. Jg. (1979).

Küpper, H.-U. : Notwendigkeit der theoretichen Fundierung des Controlling, in : Scherm, E. und Pietsch, G. : Controlling – Theorien und Konzeptionen, München 2004.

Kürpick, H. : Die Lehre von den fixen Kosten, Köln und Opladen 1965.

Kurz, I. : Das Wesen der verschiedenen Fixkostentheorien und ihre Verwertungsmöglichkeiten für betriebliche Preispolitik, Berlin 1969.

Leitner, F. : Die Selbstkostenrechnung industrieller Betriebe, Frankfurt a. M. 1905.

Lexa, H. : Kalkulatorische Bewertung, in : Grochla, E. und Wittmann, W. (Hrsg.) : Handwörterbuch der Betriebswirtschaft, 4. Aufl., Stuttgart 1984.

Lilienthal, J. : Fabrikorganisation, Fabrikbuchführung und Selbstkostenechnung der Firma Ludw. Loewe & Co., Berlin 1907.

Linde, F. : Krisenmanagement in der Unternehmung, Berlin 1994.

Lingnau, V. : Controlling, Betriebswirtschaftslehre und Privatwirtschaftslehre, Beiträge zu Controlling-Forschung, Nr.14, 2008.

Lingnau, V. : Forschungkonzept des Lehrstuhls für Unternehmensrechnung und Controlling, Beiträge zu Controlling-Forschung, Nr.15, 2010.

Linhardt, H. : Kosten und Kostenlehre, in : Aktuelle Betriebswirtshaft, Festschrift für K. Mellerowicz, Berlin 1952, S.43 ff.

Lorenz, S. : Kostenauflösung, ZfB, 4. Jg. (1927).

Lukasczyk, K. : Zur Theorie der Führer-Rolle, Psychologische Rundschau, 11. Jg, (1960).

Maletz, J. : Kostenauflösung, ZfHF, 20. Jg. (1926).

Matthes, W. : Dynamische Einzelproduktionsfunktion der Unternehmung (Produktionsfunktion vom Typ F), betriebswirtschaftliches Arbeitspapier Nr.2, Universität zu Köln 1979.

Mellerowicz, K. : Kosten und Kostenrechnung, Bd. I, Berlin und Leipzig 1933.

Mellerowicz, K. : Wert und Wertung im Betrieb, Essen 1952.

Mellerowicz, K. : Eine neue Richtung in der Betriebswirtschaftslehre ?, ZfB, 22. Jg. (1952).

Mellerowicz, K. : Betriebswirtschaftslehre am Scheideweg ?, ZfB, 23. Jg. (1953).

Mellerowicz, K. : Kostenkurve und Ertragsgesetz, ZfB, 23. Jg. (1953).

Michael von Prollius : Deutsche Wirtschaftsgeschichte nach 1945, Göttingen 2006.

Mintzberg, H. / Ahlstrand, B. / Lampel, J. : Strategy Safari, New York 1998.

Moldenhauer, R. : Strategisches Restrukturierungskonzept, in : Crone, A. / Werner, H. (Hrsg.) : Modernes Sanierungamangement, 4. Aufl., München 2014.

Moll, J. : Kosten-Kategorien und Kostengesetz, Stuttgart 1934.

Müller, A. : Grundzüge eines ganzheitlichen Controlling, 2. Aufl., München 2009.

Müller, R. : Krisenmanagement, 2. Aufl., Frankfurt / Main 1986.

Nebel, Th. : Einführung in die Produktionswirtschaft, München 1996.

Ossadnik, W. Controlling, 3. Aufl., München Wien 2003.

Ossadnink, W. : a.a.O., S.281 ; Vanini, S. : Strategisches Controlling, WISU, 38. Jg. (2009).

o. V. : Handbuch der deutschen Aktiengesellschaften, 32. Aufl., Band 1, Teil III, 1927.

o. V. : Handbuch der deutschen Aktiengesellschaften, 34. Aufl., Band 1, Teil III, 1929.

o. V. : Josef Neckerman, Der Spiegel, 4 / 1992.

o. V. : Preussag und Tui, Die Welt vom 3. 8. 2004.

o. V. : Ursachen von Insolvenzen – Gründe für Unternehmensinsolvenzen aus der Sicht von Insolvenzverwalter, Wirtschaft Konkret, Nr.414, 2006.

Pendorf, B. : Die Anfänge der Betriebsbuchhaltung, ZfhF, 24. Jg. (1930).

Pietsch, G. : Reflexionsorientiertes Controlling, Wiesbaden 2003.

Pietsch, G. / Scherm, E. : Neue Controlling-Konzeption, WISU, 30. Jg. (2001).

Preißler, P. R. : Controlling, 13. Aufl., München 2007.

Preussag Aktienggesellschaft : Annual Report 1996 / 97.

Preussag Aktienggesellschaft : Annual Report 1997 / 98.

Ralf von Rössing, : Betriebliches Kontinuitätsmanagement, Landsberg 2005.

Rationalisierungs-Kuratorium der Deutschen Wirtschaft (RKW) : Betriebsführung durch Planung und Kontrolle, München 1957.

Rehring, J., Weber, J. und Zubler, S. : Die Finanz- und Wirtschaftskrise – Einschätzungen Maßnahmen der Controller in deutschen Unternehmen, Controller Magazin, Sept. / Okt. 2009.

Reichel, O. : Strategische Neupositionierung von Unternehmungen, Köln 2005.

Rieger, W. : Einfühlung in die Privatwirtschaftslehre, Nürnberg 1928.

Schäffer, U. : Gedanken zum Erkenntnisobjekt der Controllingforschung, European Business School Working Paper on Management Accounting & Control, No.8, Oestrich-Winkel, 2003.

Schäffer, U. und Schürmann, C. : Die Rolle des Controllers-Erbsenzähler oder internen Berater ? ZfCM, 54. Jg. (2010).

Schäffer, U. und Weber, J. : Controlling in der Krise, ZfCM, 53. Jg. (2009).

Schanz, G. ; Eine kurze Geschichte der Betriebawirtschaftslehre, Konstanz und München 2014.

Scherm, E. und Pietsch, G. : Theorie und Konzeption, in : Scherm, E. und Pietsch, G. (Hrsg.) : Controlling – Theorie und Konzeptionen, München 2004.

Schmalenbach, E. : Buchführung und Kalkulation im Fabrikgeschäft, Deutsche Metallindustriezeitung, 15. Jg. (1899).

Schmalenbach, E. : Selbstkostenrechnung I, ZfHF, 13. Jg. (1919).

Schmalenbach, E. : Selbstkostenrechnung und Preispolitik, 2. Aufl., Leipzig 1925.

Schmalenbach, E. : Selbstkostenrechnung und Preispolitik, 6. Aufl., Leipzig 1936.

Schmalenbach, E. : Pretiale Wirtschaftslenkung, 1. Bd., Bremen-Horn 1947.

Schmalenbach, E. : Pretiale Wirtschaftslenkung, 2. Bd., Bremen-Horn 1948.

Schmidt, F. : Die Industriekonjunktur ein Rechenfehler, Berlin 1927.

Schmidt, F. : Kalkulation und Preispolitik, Berlin und Wien 1930.

Schmidt, R.-B. : Die Instrumentalfunktion der Unternehmung, ZfbF, 19. Jg. (1967).

Schmidt, R.-B. : Wirtschaftslehre der Unternehmung, Band 1, 2. Aufl., Stuttgart 1977.

Schigulski, B. Die strategische Umstrukturierung einer Aktiengesellschaft, Berlin 2010.

Schneider, C. : Essays on Empirical Corporate Governance, Diss., Manheim 2009.

Schneider, D. : Betriebswirtschaftslehre, Bd. 4, Geschichte und Methoden der Wirtschaftswissenschaft, München Wien 2001.

Schneider, D. : Betriebswirtschaftslehre, in : Die Gabgler Lexikon-Redaktion (Hrsg.) : Gabler Wirtschaftslexikon, 15. Aufl., Wiesbaden 2000.

Schnutenhaus, O. R. : Neue Grundlagen der "Feste"-Kostenrechnung, Berlin 1948.

Schoenfeldt, H. -M. W. : Cost Terminology and Cost Theory, Urbana-Champaign 1974.

Schuldt, S. : Die Marktmacht von TUI im Deutschland und Europa, Oldenburg 2009.

Schwarz, R. Entwicklungslinien der Controllingforschung, in : Weber, J. und Hirsch, B. (Hrsg.) : Controlling als akademische Disziplin, Wiesbsden 2002.

Seefelder, G. : Krisenbewältigung und Sanierung, Stuttgart 2007.

Steffen, R. : Produktions- und Kostentheorie, 2. Aufl., Stuttgart · Berlin · Köln 1993.

Steffen, R. : Produktions- und Kostentheorie, 4. Aufl., Stuttgart 2002.

Steven, M. : Die Einbeziehung des Umweltfaktors in die Gutenberg-Produktionsfunktion, ZfB, 64. Jg. (1994).

Stier, B. und Laufer, J. : Einleitung, in : Stier, B. und Laufer, J. (Hrsg.) : Von der Preussag zu TUI, Essen 2005.

Stolper, G., Häuser, K. und Borchart, K. : Deutsche Wirrtschaft seit 1870, 2. Aufl., Tübingen 1966.

Süverkrüp, F. : Die Abbaufähigkeit fixer Kosten, Berlin 1968.

Thiel, C. : Begriff, in : Seiffert, H. und Radnitzky, G. (Hrsg.) : Handlungslexikon zur Wissenschaftstheorie, München 1989.

Thiele, W. : Die Stillegung von Betrieben, Würburg-Aumühle 1937.

Töpfer, A. : Analyse von Insolvenzursachen, in : Schimke, E. und Töpfer, A. (Hrsg.) : Krisenmanagement und Sanierungsstrategien, 2. Aufl., Landsberg am Lech 1986.

Töpfer, A. : Betriebswirtschaftslehre, 2. Aufl., Berlin Heidelberg New York 2007.

Troßmann, E. : Controlling als Führungsfunktion, München 2013.

Ulrich, H. : Die Unternehmung als produktives und soziales System, 2. Aufl., Bern und Stuttgart 1970.

Vahs, D. / Weiand, J. : Workbook Change Managfement, 2. Aufl., Stuttgart 2013.

Walb, E. : Zur Theorie der Erfolgsrechnung, ZfHF, 17. Jg. (1923).

Weber, J. : Neue Perpektiven des Controlling, Betriebs-Berater, 55. Jg. (2000).

Weber, J. und Schäffer, U. : Sicherstellung der Rationalität von Führung als Aufgabe des Controlling ?, DBW, 59. Jg. (1999).

Weber, J. und Schäffer, U. : Einführung in das Controlling, 12. Aufl., Stuttgart 2008.

Weber, J. und Zubler, S. : Controlling in Zeiten der Krise, Weinheim 2010.

Weber, J. und Zubler, S. : Bewältigung der Finanz- und Wirtschaftskrise in Controlling− Einsichten aus dem WHU-Controllerpanel, ZfCM, Sonderheft 1 / 2010.

Weber, H. K. : Industrieberiebslehre, 2. Aufl., Berlin Hiedelberg New York 1996.

Weber, M. : Die "Objektivität" sozialwissenschaftlicher und sozialpolitischer Erkenntnis, 1904, in : Winkelmann, J. (Hersg.) : Gesammelte Aufsätze zur Wissenschaftslehre von Max Weber, 4. Aufl., Tübingen 1973.

Wiborg, S., Wiborg, K. und Kopper, C. : Träume statt Grundstoffe, in : Stier, B. / Laufer, J. (Hrsg.) : Von der Preussag zu TUI, Essen 2005.

Winkler, H.-J. : Preussen als Unternehmer, Berlin 1965.

Winter, P. : Controlling-Konzeption revisited, MRPA Paper, No.1053, Sept. 2008.

Zoll, W. : Kostenbegriff und Kostenrechnung, ZfB, 30 Jg. (1960).

初出一覧

本書のかなりの部分は、これまでに発表した論文などに基づいている。もちろん、一書に纏めるに際しては、大幅に加筆・訂正が施されている。各章と既発表論文等の関係は、以下のとおりである。

第1章 「企業危機とコントローリング」『商学論究』第60巻第1・2号、2012年12月。
「危機マネジメントとコントローリング」『商学論究』第62巻第4号、2015年3月。

第2章 「企業危機と管理の失敗」『商経学叢』第59巻第1号、2012年7月。

第3章 「工業コンツェルンの変身」『商学論究』第64巻第1号。

第4章 「企業危機とコントローリング」『商学論究』第60巻第1・2号、2012年12月。
「危機マネジメントとコントローリング」『商学論究』第62巻第4号、2015年3月。

第5章 「コントローリングにおける技術論的構想について」『商学論究』第61巻第4号、2014年3月。

第6章 新稿

第7章 「原価理論の歴史」深山　明・海道ノブチカ編著『経営学の歴史』中央経済社、2001年4月。

第8章 「グーテンベルク生産論の意義」『同志社商学』第64巻第6号、2013年2月。

【著者略歴】

深山　明（みやま　あきら）

1949年2月　神戸市に生まれる
1972年3月　関西学院大学商学部卒業
1977年3月　関西学院大学大学院商学研究科博士課程修了
1977年4月　関西学院大学商学部専任講師
1981年4月　関西学院大学商学部助教授
1987年4月　関西学院大学商学部教授
1990年3月　商学博士

〈主要業績〉
『西ドイツ固定費理論』森山書店、1987年
『ドイツ経営補償計画論』森山書店、1995年
『ドイツ固定費理論』森山書店、2001年
『企業危機とマネジメント』森山書店、2010年
『原価と原価理論』（共訳）新東洋出版社、1981年
『シュテフェン生産と原価の理論』（共訳）中央経済社、1995年
『経営学の歴史』（共編著）中央経済社、2001年
『EUの経済と企業』（編著）御茶の水書房、2004年
『企業者職能論』（翻訳）森山書店、2008年

企業危機とコントローリング

2017年2月26日初版第一刷発行

著　者　深山　明

発行者　田中きく代
発行所　関西学院大学出版会
所在地　〒662-0891
　　　　兵庫県西宮市上ケ原一番町1-155
電　話　0798-53-7002

印　刷　協和印刷株式会社

©2017 Akira Miyama
Printed in Japan by Kwansei Gakuin University Press
ISBN 978-4-86283-234-4
乱丁・落丁本はお取り替えいたします。
本書の全部または一部を無断で複写・複製することを禁じます。